SAVOIR COMMUNIQUER AVEC LES AUTRES

Mieux se connaître pour un échange positif
et réussi avec les autres - Principes, "trucs"
et exercices pratiques

Yolande Burchardt

SAVOIR COMMUNIQUER AVEC LES AUTRES

Mieux se connaître pour un échange positif et réussi avec les autres - Principes, "trucs" et exercices pratiques

EDITIONS DE VECCHI S.A.
20, rue de la Trémoille
75008 PARIS

"L'homme supérieur est celui qui a une bienveillance égale pour tous, qui est sans égoïsme et sans partialité."

Confucius, *Doctrine, Le Lun-Yu*

Introduction

Nous connaissons tous des personnes qui s'efforcent, tout au long de leur existence, d'amener autrui à s'intéresser à eux au lieu de s'intéresser sincèrement eux-mêmes aux autres. En fait, si nous essayons d'attirer l'attention de nos semblables sur nous-mêmes, nous n'aurons jamais de relations aisées avec nos interlocuteurs: l'intérêt réciproque ne se gagne pas ainsi. La communication ne se limite pas à un simple schéma Emetteur-Récepteur: c'est un phénomène plus large, plus complexe. Comprendre les causes des malentendus et de toutes les déceptions que nous avons parfois dans le rapport avec l'autre, c'est édifier les bases objectives de l'intercompréhension.

Nous donnons ici au lecteur quelques filons pour mieux comprendre l'aspect dynamique de la communication. Une communication réussie favorise l'harmonie entre les êtres et engendre le sentiment d'existence. Elle permet de se réaliser, donne de l'assurance. Enfin, elle peut être le meilleur moyen pour résoudre toute forme de problèmes.

Les principes de la communication

LANGAGE VERBAL ET LANGAGE NON VERBAL

Le mécanisme le plus important de la communication est évidemment le langage par les mots, le langage verbal. Mais il existe une communication sans discours, faite de tout un ensemble de signes, appelés signes non verbaux: mimiques, signes de tête, regards, gestes, postures, ton de la voix. Ces signes jouent un rôle essentiel et constituent une signification supplémentaire du message verbal. Qui ne se souvient de ces moments particuliers où, sans dire un mot, l'on se comprend. Des études ont revélé que les aveugles, ne pouvant lire ni les expressions du visage ni les attitudes d'autrui, communiquent moins bien avec les autres que les voyants, dans les relations affectives.

Combien de fois, avez-vous eu l'impression de ne pas vous faire comprendre, alors que vous aviez l'impression d'avoir dit des choses claires? N'essayez pas de compter... Et combien de fois avez-vous cru comprendre les autres, sans les comprendre réellement?

Entre l'intention de communication et la communication elle-même, le fossé est énorme. Ce thème a inspiré les meilleurs auteurs: pourquoi donc toute cette distorsion, toutes ces difficultés?

Il faut d'abord ne pas penser que la communication se réduise au simple langage des mots. Bien au contraire, tout l'ensemble des signes non verbaux viennent renforcer, annuler, moduler ou changer ce que nous disons. Inutile de souligner davantage l'importance de ce langage non verbal. Voyons rapidement les éléments qui jouent un rôle important dans la communication entre les personnes: les signes non verbaux, comme les mots, permettent de refléter des idées et des sentiments, de les préciser ou de les nuancer, et par là de mieux nous faire comprendre.

Le look

Pour expliquer aux autres qui nous sommes, nous disposons de beaucoup de moyens: l'habillement, les attitudes, le maintien, l'aspect général. Ce sont des signes qui reflètent ce que nous sommes, notre état d'esprit habituel ou celui du moment, et qui induisent chez les autres une ébauche de réactions, avant même toute parole, selon un mécanisme particulier. Tout cela, nos interlocuteurs l'observent et, souvent sans s'en rendre compte, ils en tirent des conclusions sur ce que nous sommes, sur nos façons de réagir, sur notre caractère, notre comportement, voire sur nos idées.

Ainsi notre apparence transmet-elle un message, peut-être vrai, parfois trompeur, sur ce que nous sommes, possédons et faisons. On dit: "il a l'allure d'un jeune cadre dynamique" ou "il a le look de garçon coiffeur" — et l'on vous a peut-être un jour conseillé de changer de look. Cela fait référence à l'image que vous donnez de vous-même dans les premiers instants où l'on vous voit.
L'apparence sert de déclic dans la communication entre les personnes.

Le langage gestuel

Bien qu'il soit infiniment plus aisé de les contrôler, les mouvements du corps, des mains, des bras, de la tête et les changements de posture n'en sont pas moins révélateurs: ils ouvrent une porte sur notre humeur, sur nos intentions, sur nos états d'âme du moment. Bien sûr, tout être humain peut maîtriser ses attitudes corporelles. Mais il ne faut surtout pas oublier que l'individu est un tout dont les parties affectives, intellectuelles et physiques sont en interactions constantes.

Tout langage gestuel et moteur est la conséquence d'un processus psychophysiologique. Mais il est lié aussi à tout un système de significations sociales et culturelles. Ainsi, l'attitude réservée et contrôlée, qui est l'apanage de nos amis anglo-saxons ou des gens du nord de l'Europe, est un fait d'éducation sociale, à l'opposé de la volubilité des Italiens et des Méridionaux, dont les gestes nombreux et colorés accompagnent le discours.

Nos présentateurs de télévision se seraient-ils inspirés du langage gestuel asiatique pour dire au revoir aux auditeurs ou lancer des messages personnels (compris par eux seuls et leurs intimes) avant de quitter l'antenne: tapotement du stylo sur la table, main sur la pochette du veston, sourire immense et prolongé, ou gestes répétés sur la partie interne du revers de leur veste, à l'instar des Japonais qui appellent en ramenant les doigts vers le corps, ou disent adieu en posant leurs doigts transversalement?

Nous connaissons tous ces gestes habituels qui expriment davantage que ce qu'ils veulent communiquer: le doigt levé du professeur ou de la mère de famille, les accolades ou les poignées de main prolongées de nos hommes politiques, le baisemain du diplomate ou de l'homme du monde. Il y a aussi

des gestes qui se veulent imperceptibles mais qui nous trahissent: mains qui se tordent ou doigts qui craquent pendant qu'on écoute l'autre, pieds sous la table qui s'impatientent, yeux qui se lèvent et qui s'ennuient... Enfin, nous disposons d'une gamme de gestes symboliques qui expriment notre indifférence, notre intérêt, notre doute, notre approbation ou notre désir de voir s'éveiller l'intérêt de l'autre, vis-à-vis de nous. Tous ces gestes, qu'ils soient ou non conscients, sont les composantes d'un langage déterminé par notre culture.
Le langage des gestes est le reflet de notre éducation sociale et culturelle.

Le visage

Les émotions éprouvées par les interlocuteurs sont souvent contrôlées; mais l'expression du visage, mieux que les mots, souligne l'intention du partenaire: elle donne le sens d'un ordre; elle indique le sérieux ou l'ironie d'un "oui"; elle se substitue parfois complètement aux mots: mimiques d'ignorancė, de dégoût, de peur ou de doute.

La mimique stimule les êtres qui interréagissent. Rarement, lorsque vous conversez, vous restez de marbre. Dieu merci pour vous, car cela apporte un certain punch à la conversation!
La mimique est l'élément le plus parlant et le plus important pour l'interaction dans la communication extra-linguistique.

Le regard

Quoi de plus parlant que le regard: il y a un véritable langage des yeux, bien connu des amoureux. De nombreux écrivains se sont amusés à décrire les sentiments de leurs personnages à travers le langage des regards: battements de cils des coquettes, regard vague des indifférents, regards scrutateurs des curieux, regards fuyants des timides, des menteurs ou des fourbes, regards perçants des méchants ou rieurs des personnages débonnaires.

Bien souvent, le regard d'autrui est perçu comme agressif ou angoissant, comme le dit Jean-Paul Sartre. Si le fait de soutenir le regard d'autrui peut vous paraître agressif, comme une façon de narguer, sachez que cela peut être aussi un moyen de se soumettre à la volonté de son interlocuteur.

Ainsi, dans les séminaires de formation pour vendeurs, on entraîne les stagiaires à fixer le haut du nez de leurs clients. Soutenir le regard de quelqu'un, c'est aussi prouver qu'on s'intéresse à lui.

En fait, tout comme l'apparence vestimentaire, le geste et la mimique, le regard est en grande partie un langage.

Comme tout langage, le sens du regard est lié à tout un système de significations propre à la société où il se manifeste. Et si pour certains les regards traduisent un désir de bonnes relations affectives, pour d'autres ils seront plutôt la recherche d'une bonne acceptation de soi par autrui.
N'esquivez pas le regard d'autrui: un regard est souvent plein de sens et enrichit considérablement la communication.

LE CADRE DE REFERENCE

Quand vous essayez de communiquer avec autrui, ce que vous attendez en retour, c'est qu'on échange quelque chose avec vous, qu'on vous prête attention. Autrement dit, vous émettez un message avec quelqu'un qui le reçoit et qui est censé en retour vous renvoyer un autre message. Ce retour de l'information, c'est le *feed back*.

On peut analyser la communication en se posant les questions suivantes: qui dit quoi? à qui? où? pourquoi? comment? avec quels résultats? Autrement dit, un émetteur (qui peut être un individu, un groupe, ou une institution) émet un message vers un récepteur (qui peut être aussi un individu, un groupe ou une institution), dans un lieu donné, dans le but de transmettre, d'échanger, d'informer ou de demander quelque chose par le canal de la transmission verbale, aboutissant à des effets qui sont les résultats constatés. L'action de communiquer implique des interlocuteurs, des objectifs, des moyens et des effets.

Voilà un schéma simple de la communication.

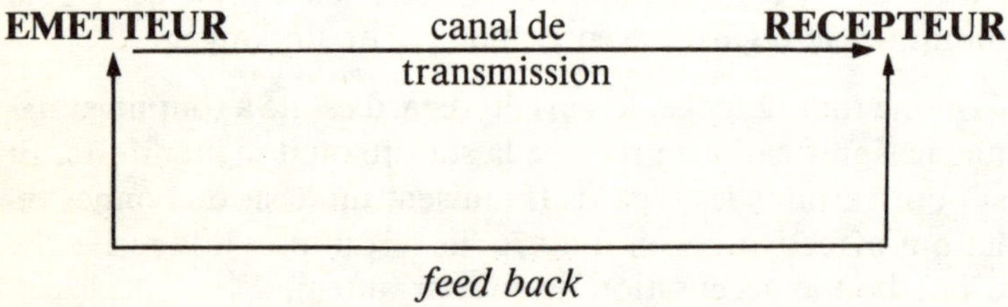

Je suis tentée de faire une petite digression: le sens des mots est souvent différent selon la signification qu'on leur accorde. Ainsi pour certains d'entre vous, le terme de communication signifie "information"; pour d'autres, il peut être synonyme d'échanges et de réciprocité.

Voici un exemple pour illustrer ce propos.

Nicole parle à son ami Gérard d'une difficulté rencontrée dans sa journée. A sa grande surprise, celui-ci lui répond:

“Oui, je comprends bien ce que tu me dis”, puis il se met à parler de problèmes similaires, avant de passer à un autre sujet. Ulcérée par cette attitude d’incompréhension, Nicole constate que Gérard, bien souvent, lui parle un peu trop aisément de ses ennuis journaliers.

En fait, qu’importait à Nicole ce que Gérard avait à lui dire: ce qui comptait pour elle, c’était de pouvoir échanger et partager avec une personne proche ce qu’elle pouvait ressentir. Quant à Gérard, habitué à une structure professionnelle où la communication, c’est-à-dire l’information, se fait par notes de service, il avait montré que lui aussi avait des problèmes pour comprendre l’intention réelle de Nicole. Pour Gérard, l’information émise par Nicole n’avait qu’une valeur informative; pour Nicole, son message était avant tout une demande d’échange et de partage.

Mais, me direz-vous, quelle explication peut-on apporter à ce type de réactions? En fait, tout être humain a besoin d’appartenir et de se référer à des valeurs cohérentes entre elles, des valeurs qui le guident à chaque fois qu’un nouveau problème se pose à lui. C’est ce que les spécialistes appellent le *cadre de référence*.

Vous avez sûrement senti que vous aviez le même cadre de référence que certaines personnes que vous connaissez: vous vous référez aux mêmes types de souvenirs, aux mêmes lignes de conduite, aux mêmes savoirs, aux mêmes connaissances, aux mêmes traditions. Cela vous permet de voir les choses à votre façon et ces mêmes choses sont vues de la même façon par ceux qui ont le même cadre de référence que vous. Cette communauté d’esprit est le fruit de tout chemin d’identifications: on a besoin de s’identifier à un cadre de référence pour exister. Autrement dit, on a besoin d’un “modèle” extérieur à soi mais auquel on pourra s’assimiler.

Mais cela ne se fait pas sans mal; si la personne est trop différente, on peut essayer de raccrocher la réalité en lui attribuant ce qu'on est (ou ce qu'on aimerait être). Par ce procédé de *projection*, on jette un os dans les mécanismes de la communication; de fait, on peut s'attendre à bien des déboires.

Voici trois exemples pour illustrer ce propos.

Premier exemple
Un homme marié, venu seul à un dîner d'amis, rencontre une femme de son âge, venue seule elle aussi. Il lui fait une cour pressante, car il la croit dans la même situation que lui. L'idée ne l'effleure même pas que la présence de cette femme est un signe d'amitié vis-à-vis de ses hôtes et non un passe-temps agréable pour fuir une situation conjugale qui se dégrade (ce qui est son cas). Aussi, il ne comprend pas l'attitude froide et peu empressée de cette dernière.

Dans cet exemple, l'homme marié était habitué à fréquenter des lieux où des femmes belles et libérées n'étaient pas hostiles à de nouvelles rencontres. De plus, les hôtes qui l'avaient invité et qui étaient dotés de surcroît d'une âme charitable, réunissaient souvent les amis célibataires ou ayant des problèmes conjugaux. Ils favorisaient de fait, sans intentions réelles de leur part, les rencontres. La rencontre d'une femme seule signifiait pour cet homme que celle-ci était là, peut-être, pour les mêmes raisons que lui. Il avait projeté sur cette femme sa propre situation: en un mot, il n'était pas sorti de son champ de référence.

Deuxième exemple
Une femme revendicatrice, instable dans la vie courante, rencontre une autre femme dans une société de travail temporaire et jette son dévolu sur elle, croyant trouver un alter ego. Mais elle ne voit pas que celle-ci travaille par simple nécessité et ne cherche pas, dans son travail, à avoir de rela-

tions approfondies avec ses collègues. Elle ne se rend pas compte qu'elle l'ennuie, tout simplement.

Vous pouvez transposer la même explication dans ce deuxième exemple: cette femme instable et agressive, complètement centrée sur elle-même, n'était pas capable de sortir de son cadre de référence, c'est-à-dire de sa propre façon de penser et de raisonner: elle ne pouvait comprendre que quelqu'un d'autre réagît totalement différemment.

Troisième exemple
Une mère de famille, brillante et abusive, ne voit pas les efforts désespérés que fait sa fille en pleine crise d'adolescence. Cette dernière, malheureuse de l'incompréhension totale de sa mère et de l'attitude détestable qu'elle a constamment (brimades, critiques fréquentes et souvent non motivées), s'évertue de son mieux à plaire à sa mère, mais sans résultats: les leçons apprises avec assiduité ne sont pas retenues; ses recherches vestimentaires ne s'avèrent pas toujours heureuses; son empressement à aider les autres se solde bien souvent par des maladresses; des paroles lâchées trop hâtivement sont souvent malvenues...

Elle ne pouvait pas supposer que sa mère, personnage brillant auquel tout réussissait, ne supportait pas que le fruit de sa propre chair ne fût pas comme elle, c'est-à-dire brillante et séduisante, dénuée de complexes. Sa fille ne rentrait pas dans son cadre de référence, et de ce fait, la mère rejetait la fille, sans prendre en considération ni comprendre ses importants problèmes d'adolescence.

DU MALENTENDU AU DIALOGUE DE SOURD

"Les mots n'ont pas forcément le même sens pour les individus qui parlent. Les hommes se parlent beaucoup mais s'entendent peu. Ils reconnaissent difficilement qu'ils n'accordent pas aux mots un sens identique. Il faut bien des déboires pour reconnaître Babel sous l'unité illusoire du langage", constate tristement le philosophe A. Jacob. Vous savez bien que nous nous sommes tous, un jour ou l'autre, heurtés à ce mur.

Aux ambiguïtés du message provenant du manque de clarté du locuteur se surimposent les incompréhensions dues aux interprétations subjectives de l'interlocuteur: quand l'écart entre le sens réel et le sens attribué par l'autre devient trop grand, le responsable de l'erreur de compréhension se défend comme il peut, mais, quoi qu'il fasse, il a compris "autre chose" que ce qui lui a été dit. Ces altérations de la communication viennent de son insuffisance ou de sa déformation.

L'insuffisance peut être due à l'émetteur qui n'arrive pas à traduire en mots ce qu'il veut exprimer: il ne peut formuler devant autrui ce qu'il ressent ou ce qu'il sait, pour des raisons affectives ou intellectuelles, à cause de préjugés ou de la situation relationnelle dans laquelle il se trouve. (La personne qui se trouve en face de vous peut, de par son statut, vous freiner ou vous intimider.)
L'insuffisance peut être due aussi au récepteur. Celui-ci ne peut déchiffrer le message, soit parce que le langage est trop hermétique, soit parce que le récepteur est assailli par une trop grande quantité de messages dont il n'arrive pas à faire le tri, soit parce qu'il ne veut percevoir dans ce qu'il entend que ce qui lui convient.

Les déformations (autrement dit: ce qui est reçu est différent de ce qui est transmis réellement) peuvent venir de l'émetteur: soit il fournit involontairement des messages qui sont mal compris; soit il fausse en toute conscience les informations émises (intentions manipulatrices, agressivité, peur).

Les déformations peuvent aussi venir du récepteur, s'il met en route tout un système de références, de pensées, de valeurs auxquelles il se rapporte.
Elles peuvent également être dues à la projection. Cela consiste à attribuer à autrui ce que l'on ressent nous-mêmes: croire, par exemple, que lorsqu'on déteste quelque chose, tout le monde en fait autant; croire que les autres pensent comme vous... Cela consiste aussi, comme nous l'avons vu plus haut, à trouver en autrui la justification de sa propre attitùde envers lui. Ainsi, entre l'intention de départ et la communication réelle, on se trouve confronté à une transformation et une déperdition de l'information.

"Je lui ai dit de venir me prendre ce soir au bureau et il est passé à 17 heures, alors qu'il sait pertinemment que je termine à 19 heures", me raconte une amie avocate, lasse de ce genre de quiproquo. "Résultat: je me suis énervée. Lui, apparemment, n'a pas compris que je n'étais pas disponible et cela s'est terminé par des mots".

Que s'est-il passé en fait? Le mari, fonctionnaire, sortant à 16 h 30 le vendredi, assimila au mot "soir" une fin d'après-midi de travail. S'il est certain aussi que l'émetteur du message (la femme) a codé d'une façon incomplète son information, celle-ci, une fois transmise au récepteur (le mari), fut perçue par celui-ci de la manière dont il voulait la percevoir.

Un garagiste propose à l'un de ses clients une voiture en attendant la réparation de la sienne. "Si vous la prenez et si vous partez à 22 heures ce soir, vous serez à Trouville avant minuit", dit-il pour faire valoir les qualités de sa voiture. Et l'autre de répondre: "Que voulez-vous que je fasse à Trouville à minuit?".

Le malentendu est révélateur: on attribue à autrui notre propre perception des mots; quelquefois, on trahit notre désir d'entendre telle ou telle chose ou celui de se donner un alibi.

Les formes de malentendus, par suite d'une interprétation erronée du message par son destinataire, sont variées: soit parce qu'un autre sens est donné au mot essentiel; soit parce que l'importance du mot clé est déplacée sur un autre mot; soit parce qu'on a isolé volontairement le mot essentiel (c'est parfois plus confortable); soit parce qu'on a accordé au message une intention que celui qui l'avait émis n'avait pas eue. Quoi qu'il en soit, chacune de ces formes sont souvent dues à un enfermement dans un système d'opinions personnelles, de croyances ou d'idées. Lorsque les deux interlocuteurs sont enfermés chacun dans un système différent de pensée, on dit qu'il y a dialogue de sourd. Parfois spectaculaire, comme les face à face des hommes politiques, il est le plus souvent catastrophique, comme dans les mésententes conjugales ou dans les relations parents enfants.

Premiers conseils pour se faire comprendre

• **Parlez clairement.** N'hésitez pas à donner des précisions: un rendez-vous à l'Opéra à 3 heures de l'après-midi, cela ne signifie pas forcément le métro Opéra; cela peut désigner aussi bien le bâtiment de l'Opéra ou le quartier de l'Opéra.

• **Soyez concis.** Ne vous noyez pas dans des explications interminables. Elles risqueraient de faire perdre patience à votre interlocuteur. Ne le prenez pas pour moins intelligent qu'il n'est. Et n'oubliez pas qu'un message court, net et précis vaut infiniment mieux qu'une longue information.

• **Evitez les mots d'esprit.** Ils peuvent être interprétés d'une façon erronée, quand cela arrange votre interlocuteur.

• **Soyez simple.** Mettez-vous à la place d'autrui, comportez-vous avec lui de la manière dont vous souhaiteriez qu'il se comporte avec vous. Ne parlez ni trop vite ni de façon embrouillée. Imaginez ce que vous éprouveriez si vous étiez confronté à un moulin à paroles, débitant d'une manière saccadée ce qu'il a à vous dire, vous noyant littéralement dans son raz de marée verbal. Vous seriez probablement agacé, braqué contre lui et pressé d'en finir.

• **Evitez les signes d'impatience.** Si votre interlocuteur paraît ne pas bien vous comprendre quand vous parlez, montrez lui, quand il prendra la parole à son tour, que vous vous intéressez à lui non seulement pour ce qu'il dit, mais aussi pour la manière dont il ressent ce qu'il exprime.

Premiers conseils pour comprendre autrui

• **Isolez-vous mentalement.** Déconnectez-vous de tout ce qui vous entoure, et soyez fixé uniquement sur celui qui est en train de parler. **Concentrez-vous sur votre interlocuteur.**

• **Sortez de vos idées préconçues.** Qu'il s'agisse de vos préjugés vis-à-vis de l'interlocuteur ou vis-à-vis de ce qu'il dit. La représentation que nous pouvons avoir des uns et des autres se différencie, se juxtapose ou entre en conflit avec l'image que celui qui écoute se fait de celui qui parle: ainsi entrent en jeu des sentiments divers (tels que la sympathie et l'antipathie par exemple) qui peuvent être, si celui qui parle vous est déjà connu, préformés. Ces sentiments peuvent être au contraire spontanés ou intuitifs s'il s'agit de quelqu'un que vous ne connaissez pas. Les clichés, les préjugés ou la connaissance *a priori* des idées de l'autre risquent de moduler votre attitude envers lui et de vous empêcher de le comprendre. Autrement dit, **soyez neutre et dépourvu de sentiments personnels.**

• **Soyez confiant.** Ne prenez pas systématiquement votre interlocuteur pour un dangereux adversaire, voyez en lui un semblable, qui lui aussi a le droit de s'exprimer, d'émettre des idées et des opinions. Accordez-lui donc une attention particulière, en vous efforçant de comprendre au mieux le pourquoi du comment de ce qu'il est en train de dire. Ne vous prenez pas pour une victime. Ne croyez pas *a priori* que votre interlocuteur vous tient pour un imbécile ou pour un inférieur. Dites-vous bien qu'une discussion doit être avant tout un échange, et non un *challenge* où il y a un vainqueur. Soyez donc confiant: cela ne peut que vous aider pour une meilleure compréhension de l'autre.

• **N'interrompez pas le cours de la conversation.** Laissez celui qui parle s'exprimer jusqu'au bout de ce qu'il a à dire. C'est la meilleure façon de le comprendre.

• **Essayez de sentir les raisons profondes des sentiments qui animent celui qui parle.** Il y a toujours une raison à tout. Un sentiment, une idée, une opinion, une attitude peuvent en cacher d'autres. Ainsi, une apparente froideur peut couvrir une sensibilité profonde; trop de volubilité une timidité tenace; une trop grande douceur une agressivité que l'on tend à maîtriser.

• **Modifiez le climat de vos pensées.** Rien en ce monde ne peut se manifester sans un climat favorable. Il est certain que les attitudes que vous avez face à votre interlocuteur induisent son comportement vis-à-vis de vous et créent un climat plus ou moins agréable. Aussi, quand vous écoutez l'autre, mettez de côté vos pensées malsaines et vos doutes, vos découragements et vos peurs, vos rancunes et vos colères.

Elles feraient souffler un vent glacial sur votre jardin intérieur. Quand vous êtes serein, votre état profond est perçu obscurément par votre interlocuteur. Rassuré, il élaborera d'autant mieux son discours. Par la même occasion, vous aurez une meilleure compréhension de ce qu'il dit.

• **Soyez patient**. Dans le cas contraire, c'est celui qui parle qui risque de perdre patience, et vous le comprendrez d'autant moins. Décontractez-vous. La crispation, cousine germaine de l'impatience, peut induire chez autrui un malaise. Il risque d'avoir du mal à formuler sa pensée et de précipiter son discours. Ne soyez pas étonné alors si vous avez du mal à le suivre et à le comprendre.
Si vous êtes sujet à la crispation, apprenez à vous détendre cinq minutes par-ci, cinq minutes par là: allongez-vous par terre, dans un état de détente physique et morale profonde; relâchez tous les muscles de votre corps, de telle sorte que vos jambes et vos bras retombent avec mollesse si on les soulève. Faites le vide de toute pensée. Quinze minutes de relaxation journalières sont plus profitables qu'un sommeil agité et calment votre corps.

• **Soyez le miroir de votre interlocuteur**. Ceci est important afin de mieux vous assurer que ce que vous avez enregistré de son discours est bien compris.
Enfin, pour mieux comprendre votre interlocuteur, partez avec l'idée que de toute façon, tout ce que vous entendrez ne peut que vous enrichir. Cela vous donnera des idées nouvelles, etc. En outre, ce qui est important, ce n'est pas tant ce qui se dit, mais la manière dont cela est exprimé. Ecouter vous aidera par la même occasion à vous moduler vous-même quand à votre tour, vous prendrez la parole. En somme, en vous efforçant de comprendre les autres, vous vous sentirez enrichi tant au sens propre (acquisitions de nouvelles connaissances, perceptions différentes des êtres et des choses), qu'au sens figuré: vous aurez gagné une victoire sur vous-même, en ayant freiné votre envie de vous imposer.

Les obstacles à la communication

SURMONTER L'EMOTIVITE

"*Connais-toi toi-même*", disait Socrate à l'un de ses disciples. Sage enseignement avant de porter sur autrui un regard critique, faisons le tour de nous-même. Depuis toujours, le langage utilise des adjectifs qui servent à définir un être humain selon son comportement. Ainsi, un homme est violent, courageux, lâche, indécis ou tout simplement charmant, selon les apparences qu'il nous montre. L'emploi de tels adjectifs suppose qu'on peut classer les individus par rapport à leurs types de réactions. Ainsi, dans le langage courant, l'emploi d'un adjectif comme "émotif" suppose que l'individu ainsi qualifié se comportera d'une certaine manière dans toute une série de circonstances et que son comportement dans ces situations permettra de le distinguer de ses congénères, qualifiés de "non émotifs".

Vous vous souvenez sûrement d'avoir un jour perdu le sens devant quelqu'un, ou tout simplement, alors que vous deviez affronter une situation importante. Lequel d'entre nous ne se rappelle cette peur irrépressible devant un médecin, un examinateur, un supérieur hiérarchique, face à des événements imprévus ou simplement devant un parent... Devant une difficulté ou une situation inattendues, l'émotivité nous fait parfois réagir d'une manière aberrante. Et cela peut causer des mésententes dont on ne comprend pas forcément l'origine, des malentendus qui peuvent être la source de difficultés inutiles et d'incompréhensions qui sont autant d'embûches pour un bon déroulement de la communication;

Un étudiant émotif se sentira désemparé devant un camarade décontracté. Tout en l'admirant, il lui attribuera un sentiment d'indifférence, voire d'ironie. A l'opposé, une personne non émotive sera irritée par les réactions d'un émotif et pour le décontracter, elle pourra user d'un humour que ce dernier risque de ressentir comme une agression.

Les témoignages d'angoissés sont nombreux.

Marie, trente ans, est prise de panique dès qu'elle doit parler en public.

Philippe, cinquante-deux ans, ne cesse de se tourmenter à l'idée de la réunion hebdomadaire de son service: "Chaque fois que je dois lire un rapport, dit-il, j'ai l'impression que les autres vont se moquer de moi".

Christelle, quatorze ans, a l'estomac serré et la boule dans la gorge chaque fois que sa maîtresse lui demande d'aller au tableau et elle devient muette comme une carpe.

A tout âge, à tous moments de la vie, le trouble, l'inquiétude nous guettent. La forme d'émotivité la plus néfaste est sans doute l'anxiété. Bien des gens en souffrent. Elle se manifeste dans des gestes ou des attitudes particuliers: ongles qu'on ronge, joues qui rougissent, mains qui se tordent, doigts qui craquent, mots qu'on lance trop hâtivement et qu'on regrette, nez qui renifle trop souvent, sueurs qui envahissent le front...

Mais, me direz-vous, pourquoi, certains d'entre nous sont émotifs et d'autres pas? Les psychologues savent bien qu'il faut chercher dans la petite enfance, dans les racines familiales les origines de notre émotivité d'adultes.

Voyons deux exemples.

Premier exemple
Une mère craintive, vivant dans la peur de perdre son emploi durement conquis, n'osant plus prendre sa voiture à cause des accidents éventuels, surprotégeant sa fille par hantise de la perdre, a fait de celle-ci un être instable et pusillanime.

Deuxième exemple
Inversement, Lionel initié très tôt aux sports les plus durs (équitation, escalade...) par des parents convaincus que la santé mentale passe par la discipline du corps, que la force sert de bouclier contre les adversités de la vie, assuma facilement les imprévus et les difficultés qu'il rencontra par la suite. Il fit preuve, malgré les événements difficiles qui sillonnèrent son existence, d'une belle confiance en soi.

Dans le premier exemple, la jeune fille intériorisa un cadre de référence maternel peu valorisant et angoissant. Dans le deuxième, Lionel, plus chanceux, bénéficia d'un cadre de référence positif. Il faut faire une part spéciale à l'environnement culturel dans l'expression des émotions. Si certaines cultures sont très expansives (culture méditerranéenne), d'autres imposent des restrictions à l'expression émotionnelle (impassibilité orientale, flegme anglo-saxon, froideur apparente des Nordiques). Cependant, ne vous troublez pas pour autant: il existe des ponts entre les émotifs et ceux qui ne le sont pas, à condition d'admettre que le meilleur moyen de comprendre l'autre, c'est d'essayer de se mettre à sa place. Heureusement, il existe des moyens pour diminuer l'intensité de ces angoisses irraisonnées qui font de nous des émotifs.

Acceptez votre émotivité. C'est en vivant votre émotivité et non en la fuyant que vous parviendrez à mieux la contrôler.

Un psychologue américain plein d'humour posa cette devinette à ses étudiants:
— "Quand vous rencontrez un ours, le soir, dans une forêt, que faites-vous?
— On s'enfuit, répondirent-ils en chœur.
— Et pourquoi fuyez-vous?
— Parce que nous avons peur, pardi! renchérirent les étudiants.
— Eh bien! non , répondit le maître. La nuit, devant un ours, si vous avez peur, c'est parce que précisément vous avez pris la fuite".

Autrement dit, plus une situation semble insurmontable, plus vous devez l'affronter rapidement.

Un autre exemple: nous avons tous eu peur de rougir à une phase ou l'autre de notre vie. Or rien ne fait plus rougir que la hantise de rougir.
Il est important d'admettre qu'il est normal d'être émotif de temps à autre. Si vous vous en inquiétez outre mesure, cela ne peut qu'aggraver les choses.

Tout changement important dans la vie peut provoquer une période d'incertitude, d'inquiétudes, sources d'émotivité. J'ai découvert qu'une de mes proches relations était devenue émotive après avoir changé de bureau quatre fois en un an et demi. N'y a-t-il pas de quoi perturber l'être le plus équilibré? A partir du moment où elle prit conscience de cet état de fait, elle retrouva le contrôle d'elle-même. Une situation de chômage prolongée ou répétée peut aussi engendrer un sentiment d'infériorité et limiter nos réactions vis-à-vis des autres: impossibilité de se "vendre" devant un éventuel patron, attitudes émotives dénotant un complexe d'infériorité... tout cela limite les possibilités réelles. Essayez donc de rechercher l'origine de vos réactions émotives, analysez-les, et finalement, maîtrisez-les en les acceptant.

Ne soyez pas négatif. L'émotivité n'est pas toujours une mauvaise chose. Les émotifs sont souvent des créateurs qui extériorisent par l'art ce qu'ils ne peuvent extérioriser par les mots. Soyez optimiste: voir des catastrophes partout amplifie encore les craintes... Souvent, ce que nous pensons intérieurement à propos de telle ou telle personne n'est que le reflet du comportement que nous aurions eu en pareil cas. Vous vous rappelez ce que nous avons dit de la projection? Imaginez que vous passez un oral d'examen: si, au lieu de dire: "je suis tombé sur une peau de vache qui va m'avoir, et c'est bien ma chance", vous vous persuadez raisonnablement que ce n'est qu'un mauvais moment à subir, que l'examinateur, étant lui-même passé par ce type de situation, peut comprendre les réactions de ceux qui affrontent un oral, alors vous adopterez là une attitude qui diminuera l'anxiété de situation, source d'émotivité.

Apprenez à vivre dans le présent. La plupart des peurs dont vous souffrez sont dues à des situations hypothétiques, à des situations non réelles. Marie[1] a peur de parler en public, car elle est obnibulée par l'idée de ne pas être à la hauteur et de paraître ridicule; Philippe lui, appréhende la réunion hebdomadaire de son service à cause des sourires éventuels de ses collègues... Christelle a l'estomac serré à l'idée de passer au tableau, car elle est persuadée d'avance qu'elle ne pourra plus parler.

Evitez d'en faire trop. A force de vouloir faire trop bien, on risque d'échouer. Ainsi, cette maîtresse de maison est dévo-

[1]Voir page 26.

rée d'angoisses chaque fois qu'elle donne un dîner pour les collègues de son mari. A force de se surpasser (car son désir profond est de contribuer à la promotion sociale de son mari), elle finit par se surmener à tel point que le jour venu, elle n'est pas à la hauteur. Etant dans l'impossibilité de communiquer avec ses invités, elle est peu loquace et éteinte pendant la soirée.

Avant de faire face à une situation qui vous paraît insurmontable, trouvez-vous un autre but à atteindre. Une avocate stagiaire, quelques jours avant sa première plaidoirie, se lança dans la peinture de son studio. Cette tâche l'absorba tellement qu'elle n'eut plus le temps de s'appesantir sur ses angoisses.
Paniquant à l'approche des examens, un étudiant s'astreignait quotidiennement à faire une heure de bicyclette afin de mieux maîtriser son anxiété.

Soyez à l'écoute de votre corps. Quand on souffre d'angoisses injustifiées, il est conseillé de subir un examen médical sérieux: une mauvaise alimentation, la fatigue engendrée par le manque de sommeil ou simplement la maladie suscitent des états de ce type.
Je me souviens d'une amie, dont les gestes incontrôlés, les paroles hachées et les rougeurs subites sur le visage étaient dus à un début d'hypertension artérielle... Mais si les analyses ne révèlent rien d'anormal, voyez plutôt du côté de vos idées noires, de vos conceptions pessimistes de l'existence, et ne saisissez pas le prétexte de votre santé pour vous construire des alibis.

Ainsi, pour mieux communiquer, apprenez à mieux comprendre vos réactions pour comprendre celles des autres.

Aujourd'hui, les explications des comportements sont faites par les théories les plus diverses: la psychanalyse, la neurophysiologie, ainsi que l'astrologie et la numérologie... La physiognomonie détermine le caractère par l'apparence physique: ne dit-on pas qu'une silhouette bien charpentée et replète laisse entrevoir un caractère débonnaire, tourné vers les autres; qu'une silhouette longue et sèche est bien souvent le signe d'une attitude réservée et d'un repli sur soi-même. On peut néanmoins se poser la question suivante: comment se fait-il que l'image qu'on donne aux autres ne soit pas toujours compatible avec ce qu'on ressent réellement? Comment se fait-il qu'un chef de service, abusif avec son personnel, soit un agneau une fois rentré chez lui; qu'un médecin affable et apprécié de tous révèle en famille un caractère d'ours mal léché; qu'une jeune femme, brillante en société, se dévalorise outrancièrement à ses propres yeux quand elle se retrouve seule?

LES MECANISMES DE DEFENSE

L'identification et la projection constituent le moteur même de la communication. L'identification est un mécanisme psychologique inconscient par lequel un individu tend à ressembler à une autre personne. Chez l'enfant, l'identification est la première forme de l'attachement à un parent. L'enfant s'approprie le rôle et la puissance du parent. L'identification constitue donc l'un des mécanismes les plus importants de la formation de la personnalité, et de l'éducation.

Nous nous distinguons tous par la manière dont notre éducation nous a forgés. L'influence du milieu d'origine est prédominante, car c'est lui qui sculpte le caractère et fait la personnalité. La personnalité est un diamant avec de multiples facettes. Nous avons tous en nous, dès l'origine, de multiples traits de caractère, qui deviennent plus apparents au cours de l'existence. Ils se différencient au contact de l'environnement familial et social; ils induisent nos comportements; il y a les éternels optimistes qui vivent en fonction de l'avenir; ceux qui voient les choses dans leurs moindres détails; ceux qui ont l'esprit synthétique; ceux qui sont poussés par une activité incessante; ceux qui, restant passifs, se laissent dominer par les autres, ou ceux, plus fatalistes, qui vivent au jour le jour...

Or l'homme, au cours de son développement et durant toute sa vie, est constamment soumis aux insatisfactions et aux conflits qu'il a rejetés dans son inconscient. Il doit lutter contre ses instincts et les interdictions sociales. Aussi, il va déployer toute une panoplie défensive, que nous appellerons les *mécanismes de défense*.

Nous avons parlé de la projection et de l'identification. Il existe un autre mécanisme de défense, c'est la *formation réactionnelle*: ainsi, une éducation trop rigide peut conduire un adolescent à devenir délinquant; un mari dominé par sa femme va réagir en dominateur dans sa vie professionnelle; un flegme apparent peut en réalité camoufler un tempérament bouillonnant... Autrement dit, l'habit ne fait pas toujours le moine...

Nous cachons tous dans un coin de nous-mêmes une part d'orgueil, qui nous fait paraître différents, aux yeux des autres, de ce que nous ressentons en réalité: en un mot, nous compensons.

Voici trois exemples pour l'expliquer.

Premier exemple
Je connais une enseignante qui, dans la vie sociale, donne aux autres l'image d'une personne gâtée par la vie, dynamique, pleine d'humour, ouverte, une personne que rien, apparemment, ne peut atteindre.

En réalité, ayant eu une vie pleine d'embûches, l'obligeant constamment à se battre, son seul moyen de survie fut de réagir en donnant aux autres une image à l'opposé de l'écroulement. Mais cela ne signifiait pas pour autant que sa communication avec les autres fût positive: on la prenait pour ce qu'elle n'était pas. Un jour, s'effondrant devant une personne qui avait l'habitude de la prendre pour confidente, elle essuya cette remarque cinglante: "Comment, toi, tu flanches? Alors qu'on te prenait tous pour un roc!". Elle réalisa à ce moment précis le mur d'incompréhension qui la séparait des autres.

Deuxième exemple
Antoine, chef de service dans une multinationale, est perçu par ses collègues comme un être tyrannique, abusif, comme une "peau de vache".

En réalité, dominé par sa femme qui le considère comme un enfant, qui ne lui laisse aucune liberté d'action dans la vie quotidienne, il réagit à l'humiliation en se vengeant dans sa vie professionnelle: il projette sur ses collègues l'ensemble de ses insatisfactions. Personne dans son entourage n'a essayé de comprendre Antoine, confronté à l'apparence qu'il se donne, c'est-à-dire celle d'un homme dur et inconditionnel. De peur d'être attaqués, ses collègues réagissent sèchement, d'où heurts, mots qui ne passent pas, quolibets, silence prolongé quand Antoine arrive... un véritable échec de la communication.
Mais si, au lieu de se fier aux apparences, certains de ses collaborateurs s'étaient interrogés sur les causes de ses réactions et qu'ils eussent cherché à mieux le connaître, ils auraient probablement compris que l'intransigeance d'Antoine n'était tout simplement que le reflet d'une vie affective malheureuse, due à une femme dominatrice dont il avait peur. Reti-

ré dans une tour d'ivoire, il avait l'apparence d'un doux agneau dans sa vie privée.

Troisième exemple

Jean-Loup, médecin dans un hôpital parisien, justifie d'une réputation d'homme idéal auprès de l'ensemble du personnel féminin de son service. Toujours souriant, toujours le mot juste au moment où il le faut, un esprit de camaraderie aiguisé et un savoir-faire sans faille, aussi bien avec les enfants qu'avec les personnes âgées ou les familles des malades. En un mot, un homme aimé et apprécié de tous, ce qui faisait dire à son entourage qu'il devait être l'homme le plus heureux de la terre!

En réalité, que d'affres souffrait Jean-Loup! Ayant fait très tôt un mariage conventionnel, sa femme, “popote et sans couleurs”, aux petits soins pour son mari, l'avait installé dans une monotonie de vie familiale sans espoir. Jean-Loup s'est identifié à l'image qu'avait de lui son épouse: celle d'un homme fatigué qui rentre chez lui après une journée de labeur et dont il faut s'occuper par devoir. Supportant mal cet état de choses, il devenait impossible. Heureusement, l'instinct étant le plus fort, une fois hors de chez lui, Jean-Loup se réidentifiait à l'étudiant affable et ouvert aux autres qu'il avait été, et donnait ainsi à l'hôpital l'image d'un homme heureux de vivre.

Pour mieux communiquer, apprenez à percer la façade des autres. Et, pour mieux comprendre les autres, prenez conscience de vos propres contradictions.

Dites-vous bien que la compensation est bénéfique dans certains cas: une jeune fille laide compense par de brillantes études; l'enfant, qui se sent petit, joue à Superman ou aux pompiers; l'aveugle compense dans la musique.... Peut-être avez-vous remarqué aussi que, souvent, les gens de petite taille ont tendance à s'habiliter d'une manière plus originale que les autres. Mais la compensantion n'est pas toujours aussi positive, car elle entraîne une fausse vision d'autrui et provoque des malentendus, voire des dialogues de sourds.

Acceptez-vous donc tel que vous êtes. Dites-vous bien que les autres ont des chances d'être comme vous.

Vos réactions ont sûrement des circonstances atténuantes. Vous subissez l'empreinte de votre passé. Mais ne vous retranchez pas pour autant derrière cette réalité. Ne baissez pas la tête, comme une autruche, en pensant ainsi éloigner une prise de conscience, certes pénible, mais assurément constructive.

Apprenez à dépasser les apparences. L'habit ne fait pas le moine. Toutes les réactions d'autrui, (surtout si elles sont excessives) peuvent être la conséquence de la mise en place de mécanismes de défenses, qui camouflent une autre réalité, génératrice de malentendus et de quiproquo.

VAINCRE LA TIMIDITE

Les timides sont-ils des émotifs? Pas nécessairement. Si l'émotif est souvent un personnage impressionnable, nerveux et sensible, le timide, lui, est plutôt réservé, gêné, embarrassé; en un mot, la timidité est un recul devant les autres, souvent dû à un complexe d'infériorité ou à la peur. Elle empêche d'avoir des rapports humains épanouissants, car le timide est excessivement replié sur lui-même.

Savez-vous cependant que la timidité n'est pas forcément un obstacle à la réalisation de soi? La preuve en est qu'un certain nombre de nos vedettes nationales (l'actrice Catherine Deneuve par exemple) en parlent aisément. Mais il y en a d'autres qui n'avouent pas et qui donnent le change en souffrant en silence.

Des enquêtes aux Etats-Unis ont montré que la timidité n'est pas un caractère irréversible: un certain nombre de personnes, timides à l'âge adulte, ne l'étaient pas dans l'enfance, et vice versa. Cela dit la timidité n'est pas forcément déplaisante, elle peut même avoir un certain charme: les personnes timides et discrètes, qui savent écouter sans se mettre en avant, peuvent au contraire favoriser le mécanisme de la communication. Mais il est vrai également que la timidité peut rendre plus difficiles les rapports avec les autres, car elle empêche souvent d'exprimer un avis, d'émettre des idées ou d'affronter un contact avec ses supérieurs. La timidité peut de fait entraîner un sentiment de déprime et de malaise.

En réalité, la timidité est un besoin exagéré de sécurité. Alors dites-vous bien que si vous avez en face de vous une personne qui parle peu et qui paraît un peu sur ses gardes, cela peut être une personne timide, quelqu'un qui a peur d'être sous-estimé et jugé. C'est pourquoi il importe alors d'être à l'écoute de l'autre dans une atmosphère de détente, de chaleur et de compréhension.

Il incombe donc aux parents de veiller très tôt à ce que les enfants se sentent aimés pour ce qu'ils sont réellement, afin qu'ils n'éprouvent jamais le sentiment que leur personne n'a de valeur qu'en fonction des succès qu'ils ont. Ne dites jamais à un enfant qu'il est pire que les autres: bien sûr, il pourrait avoir un sursaut de prise de conscience et essayer de s'améliorer; mais il pourrait aussi au contraire s'enfermer encore plus dans le personnage négatif que vous lui attribuez, ceci par réaction et aussi pour se prouver que malgré tout, vous tenez encore à lui.

Soyez à l'écoute des timides. Ils ne sont pas de ceux qui savent faire remarquer leurs qualités et leurs efforts: les employés les plus timides peuvent être souvent des gens zélés. Les timides peuvent avoir un grand potentiel dans leurs mains, qu'ils n'arrivent pas à faire valoir. Les plus discrets sont souvent les plus consciencieux. Telle est la contradiction fondamentale de la timidité: c'est aspirer à se surpasser, tout en refusant la confrontation, même amicale, avec autrui. Comment y remédier?

Si vous vous sentez atteint d'une timidité coriace, recourez à un spécialiste. Mais vous pouvez vous tirer d'affaire à force de volonté. Pour les grands timides, un bon point de départ consiste à ce qu'ils s'imposent des actions qui peuvent leur paraître *a priori* insurmontables: par exemple, aborder plusieurs personnes dans la rue, demander un renseignement dans un magasin sans rien acheter, ou se répéter chaque soir avant de s'endormir "Je ne suis pas timide" afin de s'en persuader.

Vous devez apprendre à maîtriser vos inquiétudes, à dompter un imaginaire qui fait voir les choses en noir et qui crée des peurs inutiles. Exercez-vous à regarder votre interlocuteur en face. Mettez-vous dans la position d'un auditeur attentif.

Prenez conscience des côtés négatifs de votre personnalité, mais cessez de vous noircir vous-même, car vous finirez à la longue par éveiller des doutes chez les autres... Vous le voyez, rien n'est réellement impossible.

Seconds conseils pour comprendre autrui

Tout contact entre individus doit être fondé sur une relation de confiance et d'humanité. Cette relation se construit sur une base de sympathie et de loyauté réciproque. Il faut donc avant tout créer un climat de sympathie. Cette atmosphère s'établit d'autant mieux que celui qui parle, se sent écouté.

• **Soyez disponible.** Intéressez-vous à la personne qui vous parle, en tant que personne. Ce qui importe, c'est plus comment elle vit ce qu'elle raconte, que les faits par eux-mêmes. Ne soyez pas comme madame F. qui fut toute sa vie incapable d'établir une communication vraie et détendue avec sa fille. Chaque fois que sa fille voulait lui parler, sa mère lui coupait la parole. Finalement, la jeune fille savait par avance qu'elle tomberait mal et que, de surcroît, "on" le lui ferait sentir. Il est vrai que madame F., de caractère rigide et autoritaire, ne pouvait en aucun cas supporter d'être dominée par les autres. Toute initiative prise en dehors d'elle était vécue comme une agression insupportable, comme un crime de lèse-majesté. Le fait que sa fille, en continuelle quête de communication avec sa mère, voulût lui parler spontanément, était tout simplement vécu et senti comme une attaque personnelle...

• **Ne vous prenez pas pour une victime,** chaque fois qu'on a besoin de vous: vouloir parler, c'est peut-être le signe qu'on a précisément besoin de vous.

• **Essayez de vous mettre dans la situation de votre interlocuteur** et imaginez qu'on agisse pareillement avec vous! Se sentir écouté ne peut que réjouir l'interlocuteur: il renforcera sa confiance en lui. Il sera plus précis, étant certain qu'il existe à part entière puisqu'enfin, on fait attention à lui.

• **Soyez constructif.** Le fait d'écouter les autres leur donne une certaine confiance en eux. Sans pour autant se prendre pour le centre de la terre, ils éprouveront (pour un temps) l'agréable impression d'être pris en considération pour ce qu'ils sont et non pour ce qu'ils représentent.

• **Laissez à votre interlocuteur le temps de s'exprimer.** Ne lui répliquez pas au fur et à mesure qu'il parle: c'est le meilleur moyen pour le bloquer. Et si vraiment vous n'arrivez pas à vous maîtriser, si vous souffrez d'un désir très fort de couper la parole à l'autre, prenez-vous en main: exercez-vous le plus possible à vous manifester moins par des paroles que par des attitudes marquant votre intérêt pour votre interlocuteur et votre participation à la conversation.

• **Evitez de dire:** "Je ne comprends pas". Votre interlocuteur risque de se sentir frustré. "Puisque l'on ne me comprend pas, peut-il alors se dire, c'est que je m'explique mal. Je ne suis donc pas capable de parler".

• **Soyez le miroir de l'autre.** Autrement dit, exprimez en résumé ce qu'on vient de vous dire. Votre interlocuteur pourra ainsi compléter, préciser, remanier, en un mot clarifier ce qu'il a souhaité vous communiquer, sans pour autant se sentir amoindri.

Savoir écouter n'implique pas qu'on doive écouter indéfiniment. Il arrive un moment où il faut mettre un terme à tout état de choses. Mais comment alors **ne pas choquer l'autre?**

Evitez d'être en contradiction violente avec votre interlocuteur. Il est vrai que la contradiction peut faire progresser un débat, une réunion ou une simple conversation. Mais dans la vie courante, mieux vaut temporiser et ne pas faire d'objections conséquentes. Montrez plutôt à votre interlocuteur qu'il a peut-être raison, mais que les autres n'ont pas non plus tout à fait tort: "Vous avez raison, mais ne pensez-vous pas que ce que vous dites pourrait être aussi envisagé sous l'angle de..." C'est ce qu'on appelle *la dialectique de l'ange.* Cela permet de donner un tour apaisé à la conversation. Combien de relations amicales se sont effondrées après des discussions orageuses: chacun s'évertuait à convaincre l'autre de ce qu'il disait, restait sur ses positions et enlevait inexorablement à son interlocuteur toute possibilité de s'exprimer sur le sujet d'une manière différente.

Pour conclure un entretien, employez les derniers mots de votre interlocuteur, tout en reprenant brièvement ce qui vient d'être dit. Vous ferez ainsi coup double: d'une part, vous montrerez à votre interlocuteur que vous l'avez bien écouté; en outre, vous aurez clos vous-même l'entretien. Il est évident que dans certaines circonstances, une intervention nette et catégorique peut être nécessaire. Mais c'est à vous de le savoir et de le sentir.

Seconds conseils pour se faire comprendre

Etre compris par les autres, c'est supposer que le message que vous avez émis a été bien reçu par votre interlocuteur, qu'il a été bien déchiffré. Parler, c'est prendre le risque de n'être pas compris. Il existe un moyen de vous assurer que ce que vous dites est bien reçu: c'est le dialogue. Un simple "oui", un simple "non" sont rarement les signes d'une réelle communication. Evitez cependant de demander à celui qui vous écoute s'il vous a bien compris: cela ne ferait que refléter un sentiment d'insécurité de votre part. Demandez plutôt, complice, si vous vous êtes bien fait comprendre. Ce sera le signe de votre désir de coopérer avec autrui, et, en même temps, une marque d'égard vis-à-vis de lui.

• **Soyez clair.** N'hésitez pas (sans pour autant vous lancer dans des tirades interminables qui risqueraient en fin de compte d'impatienter celui qui vous écoute) à expliquer avec une grande précision ce que vous dites. Quelquefois, une information trop lapidaire, trop laconique peut prêter à équivoque. En voici un exemple.

Dans un grand magasin de livres, une cliente arrive avec un certain nombre de publications afin de les échanger. A sa grande surprise, la vendeuse lui répond, après avoir examiné ses livres: “Je ne peux ni les reprendre ni les échanger. Mais vous pouvez aller à tel autre endroit. Sûrement on pourra vous les reprendre”. La cliente, outrée, met en cause la réputation de la maison et l’accuse de promesses mensongères, si bien que le chef de rayon intervient. Aimablement, il fait remarquer à la cliente récalcitrante que les livres en sa possession n’avaient jamais été achetés dans le magasin. Pour la vendeuse, il était d’une telle évidence que les seuls livres achetés en ce lieu pouvaient justifier des reprises et échanges, qu’elle n’en avait pas parlé: il manquait un maillon dans la chaîne de transmission de l’information.

• **Parlez en fonction de votre interlocuteur.** Situez-vous dans son langage, ses conceptions, son mode de vie. Si une personne est gauchisante, ne lui parlez pas d’emblée des bienfaits de la droite! Ecoutez-la, en essayant de vous attacher plus à la manière dont elle vit son implication politique, qu’aux mots prononcés. Si vous vous adressez à une personne timide et réservée, mettez votre brio d’élocution naturel en réserve. Sinon vous risqueriez de la rendre plus réservée encore. Enfin évitez de vous imposer par un langage original et compliqué. Rien ne vaut la simplicité dans ce domaine. Si vous voulez être compris, mettez-vous dans le cadre de référence de celui qui vous écoute. Pour reprendre un proverbe slave, *si vous entrez dans un groupe de corneilles, croassez comme ces corneilles.*

• **Soyez convaincant.** Ne sautez pas du coq à l’âne: suivez un fil conducteur. Cela sera d’autant plus fructueux, à la fois pour celui qui parle que pour celui qui écoute. Si vous sentez que ce que vous exprimez est peut-être difficile à comprendre pour celui qui vous écoute, n’hésitez pas à illustrer vos propos soit par des exemples, soit en racontant une anecdote. Mais ne vous noyez pas non plus dans des détails inutiles: cela risquerait d'ennuyer et d'irriter. Soyez sûr de toute façon que si l'auditeur est vraiment intéressé par ce que vous dites, il sera le premier à vous demander des précisions.

• **Ne négligez pas le regard.** Il est important de souligner de nouveau l'importance du regard: celui qui parle doit vivre ce qu'il dit par les yeux. S'il ne regarde pas son auditeur, celui-ci sera tenté de ne retenir que le côté formel de ce qui se dit, sans l'intégrer à une personne. Imaginez un professeur qui ferait son cours le nez baissé sur sa feuille, ou jetant subrepticement des coups d'œil sur les côtés au lieu de regarder son auditoire!

• **Sachez qu'un coup d'œil vif, une intonation ou un geste** font plus pour retenir l'attention qu'un long laïus. Vous en serez récompensé: celui qui vous écoute aura envie de se mettre à votre place pour mieux comprendre ce que vous dites. Il suivra votre cheminement intérieur, il essaiera de mieux saisir les motifs qui vous poussent à vous exprimer, de comprendre vos arguments, de refaire l'itinéraire de ce que vous dites. En un mot, les yeux et les mimiques sont les sources d'un dialogue muet entre les interlocuteurs. On a besoin de cette complicité pour s'exprimer. Vous l'avez sûrement remarqué avec les artistes de scène: ils fixent un spectateur dans la salle tout au long de leur récital.

Villiers de l'Isle-Adam disait que: "comprendre, c'est le reflet de créer". Soyez créatifs!

L'écoute constructive

L'EGOCENTRISME VERBAL

Nous avons parlé plus haut des barrières qui font obstacle à la bonne expression de ce qui se dit et à l'écoute attentive de nos interlocuteurs. Il existe une autre barrière, difficile à surmonter: c'est celle de l'égocentrisme verbal. Quelle est la différence entre égoïsme et égocentrisme? L'égoïste est celui qui rapporte tout à soi. L'égocentrique, c'est celui qui se croit le centre de l'univers. Mais comment peut-on se prendre pour le centre de l'univers?

L'orgueil est souvent le résultat d'une compensation vis-à-vis d'une situation traumatisante. Une personne élevée dans un manque de bien-être matériel et affectif risque de compenser par un désir important d'arriver à quelque chose, bien souvent seule, par ses propres moyens, sans demander quoi que ce soit aux autres et faisant même parfois abstraction des autres.

Cependant, sans être orgueilleux, on peut n'être égocentrique qu'au moment où l'on parle, soit parce qu'on a conscience à ce moment-là de l'importance de ce qu'on a à dire ou des responsabilités qu'on engage, soit parce qu'on craint de manquer de temps pour s'exprimer. Alors, nous éprouvons le besoin de nous imposer aux autres. Pris par ce que nous avons à dire, nous ne prenons pas le temps de réfléchir à ce que les autres peuvent penser de nous. Il faut être conscient de ce que peut susciter chez autrui le vouloir de s'imposer.

Evitez de commencer vos phrases par Je ou Moi. C'est le pire obstacle qui freine les échanges. Or les échanges sont le moteur même de la communication. Imaginez ce que vous penseriez de quelqu'un qui, chaque fois que vous commenceriez à parler, vous couperait la parole en disant: "Moi, je pense que... Moi, je dis que...". Vous sentiriez sûrement gronder en vous la colère, l'agressivité, l'agacement. Vous ne supporteriez qu'avec peine l'intrus qui veut absolument se mettre en avant. Par esprit de contradiction, vous risqueriez même (la nature humaine étant ainsi faite) de le narguer, de jouer les provocateurs, ne serait-ce que pour marquer le coup...

Ne coupez pas la parole de votre interlocuteur en lui opposant un "non" énergique. Soyez plus suggestif: "Oui, vous avez raison, sans doute. Mais..."
L'autre sera content qu'on rentre dans sa ligne de pensée; vous pourrez alors émettre des critiques nuancées, laisser entrevoir d'autres manières de penser. En voici un exemple.

Lors d'une conversation politique houleuse, entre plusieurs personnes, chacun tentait d'imposer ses idées, tout en essayant d'anéantir celles des autres, et les interlocuteurs impatients se matraquaient à coup de "Moi, je". Un ange apparut, sous l'aspect d'un homme réservé et peu bavard, visiblement ignoré par les autres au cours de cet "échange" mouvementé. "En vous écoutant avec attention", dit-il, "il me semble avoir compris que ce que tu disais, Jacques, c'était que (...); et que toi Paul, tu expliquais ceci par (...)
— Oui, bien sûr. — Mais ne pensez-vous pas aussi qu'en reprenant ce que chacun de vous a dit, on pourrait aborder ce problème (peut-être) sous d'autres aspects..."

Ne braquez pas votre auditoire. Cela en voulant à tout prix vous faire entendre. Cela ne peut que renforcer l'agressivité latente d'autrui. **Soyez beau joueur.** Mieux vaut donner à son interlocuteur une possibilité alternative de penser: “ne pensez-vous pas que... Je suis d'accord, mais il y a peut-être une autre explication à ce que vous dites...” Rien ne vous empêche après d'émettre vos objections.

Soyez le reflet des autres, et non le reflet de vous-même. Mettez-vous, par exemple, dans la peau de quelqu'un qui doit faire le rapport oral d'une réunion qui aboutit à une prise de décision collective. Exprimez-vous au nom de tous ceux qui ont contribué à cette prise de décision, et non en votre propre nom. Faites de votre mieux pour entrer dans la pensée de l'autre. Même si vous n'êtes pas en accord avec cette pensée et qu'elle vous gêne, admettez qu'il a des raisons pour raisonner ainsi.

Respectez les opinions de votre interlocuteur. Acceptez-le tel qu'il est. N'essayez pas de le réformer. Vous pouvez néanmoins lui laisser entrevoir qu'il existe des façons de penser différentes de la sienne.

Faites comme ce chef d'entreprise qui s'astreignit, sa vie durant, à éviter de donner des ordres à qui que ce fût. Il n'imposait rien, il ne commandait jamais, il ne disait jamais: “Je veux ceci... (...). Faites cela...” Bien au contraire, il mettait à contribution son entourage, en lui faisant sentir qu'il était indispensable, en le faisant participer aux décisions qu'il était amené à prendre: “Pensez-vous que cela serait bien? disait-il à ses collaborateurs. Peut-être pourrions-nous réviser telle chose sous un autre angle?... Probablement vaudrait-il mieux suggérer à X. de...”.

Voilà un comportement qui peut inciter les autres à coopérer sans se braquer.

Soyez réaliste vis-à-vis de vous-même. Si vous ne pouvez résister à la tentation du *Moi, Je,* c'est qu'en fait, au fond de vous-même, vous refusez l'existence de toute différence chez les autres. Encore une histoire de cadre de référence.

Ne vous mettez donc pas trop en avant. Se mettre trop en avant peut être senti par l'interlocuteur comme une sorte d'agression. Mais en réalité, le fait de mettre en avant votre *Je* ne serait-il pas simplement le palliatif d'une peur d'affronter les autres? Dans tout processus de communication, il existe une part d'inconnu génératrice d'incertitude et d'angoisse. De peur d'être agressé par les autres, on se défend (mal) et on essaie de s'imposer. En fait, on se met en posture défensive si bien que l'autre ne peut vraiment savoir à qui il a affaire.
Je sais: nous désirons tous que les autres fassent attention à nous, qu'ils nous fassent sentir que nous existons. Mais ce n'est pas en nous imposant par la parole que nous y arriverons. L'interlocuteur, inconforté, risque d'être affecté par ce malaise, de nous prendre (hélas! un peu hâtivement) pour un être prétentieux, sûr de soi, voire pour un provocateur, sans chercher à nous accorder des circonstances atténuantes: celles de la timidité ou celles du manque de temps.

N'oubliez pas que nous sommes régis par notre affectivité. De part et d'autre, celle-ci peut déformer les messages. Si vous apparaissez à votre interlocuteur comme quelqu'un qui n'a rien à mettre en commun avec les autres (parce qu'il se sent bien comme il est), comme un être égoïste pour qui le dialogue et l'échange importent peu, un être qui veut uniquement imposer sa volonté; alors vous pourrez vous sentir responsable d'une communication malaisée.

Voici une situation courante dans laquelle vous vous êtes déjà probablement trouvé un jour ou l'autre de votre vie.
Les habitants d'un immeuble sont convoqués à une réunion de copropriétaires qui s'annonce orageuse, du fait du mé-

contentement général provoqué par des mesures qui paraissent outrancières. Chacun se prépare à une riposte bien sonnée. Le jour venu, le syndic ouvre la séance en rappelant les mesures décrites dans la convocation, puis il demande au délégué des copropriétaires de prendre la parole. Au fond de la salle, une personne impatiente, celle qui était la plus déterminée à débouter les propositions du syndic, celle qui avait rallié un certain nombre de personnes à ses arguments avant la réunion, lève le doigt et demande le droit de réponse, indiquant qu'elle interviendrait un peu plus tard pour s'opposer fermement à ce qui était en train de se dire.
A partir de cet instant, elle se prépare mentalement à son intervention, élabore sa stratégie, ses arguments. Mais quand enfin elle put s'exprimer à son tour, elle ne trouve plus aucun écho au niveau de l'assemblée; en un mot, son intervention tombe à l'eau.

Que s'était-il passé? En coupant la parole au délégué, d'une part elle agressait l'ensemble de l'auditoire; de l'autre, elle permettait au délégué d'avoir des positions plus nuancées de façon à convaincre le syndic et la plus grande partie des gens présents à la réunion. D'autre part, l'impression négative suscitée par un *Moi, je* intempestif ne peut laisser la place à une écoute de la part de l'auditoire, sauf s'il sent que celui qui parle s'exprime avec spontanéité (et non avec emphase, pour se distinguer des autres) et qu'il parle d'égal à égal avec son ou ses interlocuteurs. Le discours personnel peut donc être constructif.

• Un *Je* peut conforter la participation à ce qui se dit ou ce qui se passe: "J'écoute avec attention ce que vous me dites, et je pense que..."

• Un *Je* peut aussi fournir un cadre de référence positif pour quelqu'un qui vit intensément ce qu'il exprime et qui se sent mal à l'aise: "Je vous comprends d'autant mieux que moi-même, je me suis trouvé dans la même situation que vous..."

• Il peut être aussi le reflet de l'appartenance à un groupe donné ou à un ensemble d'idées, sans pour autant prendre un aspect égocentrique: "Je parle en ce moment au nom de mes collègues, de mes amis, ou de l'ensemble des parents de cette école..."

• Il peut encore avoir la valeur d'un porte-parole et véhiculer un désir, une information ou une idée. Mais il n'incombe qu'à vous de trouver l'implication adéquate de votre *Je*.

APPRENDRE A ECOUTER

"J'ai découvert que la meilleure façon d'apprendre, bien que la plus difficile, est pour moi d'abandonner mon attitude défensive, au moins provisoirement, pour essayer de comprendre comment une autre personne conçoit et éprouve sa propre expérience" dit Carl Rogers[1].

On constate très souvent que les gens ne s'écoutent pas beaucoup. Lequel d'entre nous ne s'est retrouvé dans la situation suivante: on se réunit entre amis, après une longue période d'absence, heureux à l'idée de se revoir et surtout de se parler, de se raconter d'innombrables choses. En réalité, excepté quelques généralités et quelques histoires extraordinaires, on parle tous à la fois, pressé qu'on est de connaître et de faire partager ce qui nous est arrivé. On parle, on parle... mais en réalité, on ne retient presque rien de ce qui est dit par les autres.

Ce qui vient d'être décrit dans le cadre d'une situation amicale se rencontre fréquemment dans la réalité quotidienne.

[1]Le développement de la personne.

Bien souvent, dépassés par le temps, nous écoutons mal et naturellement nous comprenons mal: trop pressé de comprendre, on s'impatiente, on s'accroche à un bout de phrase, mais on ne perçoit pas ce qui se dit vraiment. La mauvaise écoute est un obstacle majeur pour la réussite de la communication. On pourrait se livrer à une description, certes un peu dramatisée, de la mauvaise écoute. Vous y reconnaissez-vous?

Votre sens critique est à l'affût, et vous entendez plus que vous n'écoutez. Vous vous attachez à saisir au vol les imperfections de langage de celui qui parle: répétitions, barbarismes, fautes de grammaire, troubles d'élocution, maladresses de langage. En somme, vous vous attachez à l'aspect extérieur de ce qui se dit et non à la matière-même de ce qui est exprimé. Vous vous intéressez à l'aspect trompeur du langage. Vous ne voyez pas le fond de ce qui est dit. Par contre, vous saisissez systématiquement la petite chose qui donnera à votre esprit de contradiction l'occasion de se manifester. Vous ne partagez visiblement pas les opinions des autres, comme si vous ne supportiez pas les différences de point de vue. Vous en profitez pour les contrecarrer impitoyablement.

Vous écoutez, bien sûr. Du moins le croyez-vous. Mais votre mimique pincée, ennuyée, irritée, renfrognée n'est que le reflet de votre incapacité à supporter la contradiction. Certes, vous acceptez d'entendre l'autre, mais sans pour autant vous impliquer réellement dans son cheminement de pensée: cela risquerait de rompre vos habitudes...

En vérité vous vous renfermez sur vous-même. Vous êtes là, mais sans plus. Vous donnez à votre interlocuteur l'impression d'une grande passivité ou d'une grande timidité. En réalité, vous ne voulez pas vraiment vous mouiller.

Enfin, vous vous imposez sans réserve. Vous faites intervenir votre *Moi, je*, dans une bonne intention. Vous voulez faire admettre à votre interlocuteur que vous êtes tout ouïe à ce qu'il dit, que vous suivez sa pensée, en un mot que vous participez. Mais nous avons vu plus haut les risques de cette attitude.

En résumé

Evitez a priori de contrer autrui par des mimiques renfrognées (voire hostiles).

Détendez-vous, ne soyez pas crispé. N'adoptez pas une fausse attitude de décontraction: ce ne serait qu'un signe de plus de votre mal à communiquer.

Maîtrisez votre esprit de contradiction. Evitez les dénégations agacées de la tête, les moues dubitatoires, les haussements d'épaule. Et si vous êtes dans une réunion, ne faites pas de gribouillis nerveux sur un coin de table...

Enfin, pour l'amour du ciel, maîtrisez les irrésistibles envies de bâiller.

Que vous soyez deux ou plus, pour bien écouter autrui, il faut avant tout être objectif. Le plus grand obstacle à l'écoute de l'autre, c'est la hâte de nous affirmer, de nous justifier, de vouloir imposer nos points de vue. Evidemment, les objectifs de l'écoute sont variables, selon la nature des relations établies avec nos interlocuteurs: on peut écouter pour apprendre ou comprendre, pour aider, mais aussi bien pour se mettre en avant, contredire ou séduire...

Il est bon de réfléchir un peu aux attitudes les plus courantes que nous adoptons quand nous écoutons: en effet notre participation ne se manifeste pas uniquement lorsque nous ouvrons la bouche pour parler. Il y a d'autres moyens pour signifier notre intérêt à ce qui se dit autour de nous.

Le regard, tourné vers celui qui parle, doit être franc (sans pour autant être narquois). C'est déjà un signe de participation, une sorte de clin d'œil vers l'orateur pour lui signifier: "Je suis là, je suis votre pensée et je m'intéresse à ce que vous dites..." Si vous êtes détendu, si vous n'avez pas l'air préoccupé, bref si vous vous intéressez à ce qui se dit, vous serez dans les conditions favorables à une bonne écoute.

Votre participation mentale peut être appuyée par vos *attitudes:* un regard confiant, un hochement approbateur de la tête, un sourire complice...

Ce qui est important, c'est l'esprit avec lequel vous enregistrez ce que vous entendez, l'esprit avec lequel vous l'abordez. "Quand Laurent a failli couper la queue du chat...Vous imaginez l'histoire que ça a fait..." L'essentiel ici n'est pas le sentiment d'horreur que pourrait susciter en vous cette action, mais au contraire l'intérêt provoqué par la réaction de l'enfant face à votre comportement.

Le silence

"On entend les mouches voler. Un ange passe..." Ainsi manifeste-t-on l'impression inconfortable qui se déclenche lorsque soudainement, une conversation s'arrête. Le silence laisse un vide étrange qui gêne, qui parfois même angoisse. En réalité, le silence peut être d'une grande richesse.

"Je me laisse facilement couper la parole, dit J.R. Huguenin, mais j'ai horreur qu'on me coupe le silence". Les moines trappistes le démontrent: se taire, écouter le silence, c'est apprendre Dieu et les hommes. Les mots hélas! peuvent être le vide même. Que de fois parle-t-on pour ne rien dire, dans le seul but de mieux combler ce que nous ressentons comme un vide. Le silence peut avoir des significations multiples: il peut dire la joie, la tristesse, la détresse, l'approbation, la réprobation, l'amitié et même la haine. Il faut apprendre à aménager des silences constructifs, des silences apaisants. L'interlocuteur, comme par miracle, continuera de s'exprimer. Ressenti trop souvent comme gênant, insécurisant et anxiogène le silence est en réalité constructeur.

Il permet de mieux prendre conscience de la réalité qui nous entoure: le bruit du vent dans les arbres, le chant d'un oiseau ou les pleurs d'un enfant dans le lointain... Il permet de mieux saisir l'autre dans son ensemble et, à travers son regard, de mieux comprendre ce qu'il exprime.

Le silence peut aussi être réparateur: il permet de se retrouver face à soi-même, de faire le point, de se reposer et de calmer les bouillonnements intérieurs qui nous animent.

Mais surtout, le silence permet à nos interlocuteurs d'aller jusqu'au bout de ce qu'ils ont à dire. Un silence peut révéler des choses qui n'avaient pas encore été exprimées... Le silence ouvre de grandes perspectives pour mieux communiquer.

Comment construire un silence positif? Il faut d'abord apprendre à maîtriser ses émotions. Prenez exemple sur la culture orientale: le regard et le silence y sont lourds de significations. Pour les occidentaux, au contraire, le fait d'être assis les uns en face des autres à se regarder sans rien dire, c'est se regarder en chiens de faïence. Le silence constitue en fait une recherche non verbale de contacts: chacun attend que l'autre prenne l'initiative d'émettre le premier message, c'est-à-dire de faire le premier pas.

Exercez-vous à mesurer la durée du silence qui sépare une question de la réponse. Par la même occasion, mesurez votre impatience à réagir: il faut pouvoir tenir de trente à quarante-cinq secondes, si l'on désire obtenir que l'interlocuteur réagisse au silence. Ainsi, le mutisme prolongé d'un professeur est un moyen de faire réagir les élèves: il permet d'une part de voir s'ils ont bien saisi ce qu'il a exposé, et aussi de leur donner l'opportunité de s'exprimer sur la manière dont ils ont vécu le cours, ou de demander les explications supplémentaires. (Au contraire, un silence bref coupé par un "si vous m'avez bien compris, je continue..." aurait été un silence négatif). Un vendeur en train d'argumenter pour son produit se tait brusquement. Pourquoi? A ce niveau, le silence a pour but de permettre aux éventuels acheteurs de s'exprimer sur leur désir réel d'acheter. S'il reste ainsi à l'écoute de son client, le vendeur pourra mieux découvrir les motivations intérieures qui le poussent à vouloir ou non acheter.

Le silence peut conduire à l'*Empathie,* c'est-à-dire à la compréhension totale, intérieure et profonde de l'autre. Il s'agit de sentir ce que vit autrui d'une manière tout à fait neutre, sans porter de jugements de valeur et sans vouloir se substituer à lui. En un mot, il s'agit d'être le miroir de l'autre. Mais comment peut-on être le miroir d'autrui?

L'empathie

Issu de l'expérience psycho-thérapeutique de Carl Rogers et de ses élèves, la technique de l'entretien non directif a été introduite en France il y a quelques années. Son usage tend à s'élargir à toutes les situations d'entretien, dans lesquelles on recherche à recueillir le véritable point de vue de l'interlocuteur ou à lui apporter une aide (psychologique ou personnelle). Dans ce type d'entretien, celui qui écoute ne pose pas de questions, ne répond pas à celles qui lui sont posées, ne donne aucune orientation de pensée, n'exprime ni son accord ni son désaccord, ne dit jamais son sentiment sur ce qu'il conviendrait de faire ou ne pas faire.

A première vue, l'entretien non directif peut apparaître comme la recette d'une hypocrite indifférence. En réalité, celui qui écoute ne se contente pas de soutenir cette "conversation" par des mimiques savantes: il intervient en réexprimant la pensée de l'autre, sans y apporter d'élément étranger. Celui qui parle ne doit rencontrer que l'écho de sa pensée. Mais, si les interventions n'étaient que répétitives, cela conduirait vite au piétinement de l'entretien, et celui qui parle risquerait d'être vite exaspéré. En réalité, le rôle de celui qui écoute est de créer une situation compréhensive et dynamique pour aider son interlocuteur à élucider ce qu'il ressent.

Cette technique est paradoxale: elle consiste à mener une conversation, sans la diriger. Une attitude non directive est comme l'éclair qui révèle au voyageur égaré le chemin qu'il a parcouru dans la nuit et celui qu'il lui reste à parcourir. Dans une atmosphère de totale compréhension, elle permet à la pensée de progresser et de mûrir.

L'empathie, c'est être dégagé de toute forme d'émotion.

Exercez-vous donc à dominer vos émotions. Regardez votre interlocuteur droit dans les yeux en gardant le silence. Il est fréquent qu'on soit pris par une grande envie de rire à ce moment-là. Ce rire de gêne traduit des émotions qu'il faut connaître et maîtriser. Supportez le silence: Il est souvent plus fructueux que de vaines paroles.

Soyez attentif. Si votre interlocuteur vous parle d'un ennui, ne lui parlez pas de vous, n'évoquez pas votre joie de vivre...

Acceptez d'être neutre. Vous lui permettrez d'aller au bout de ce qu'il veut dire. Sachez qu'il est important pour votre interlocuteur de sentir que vous adhérez à sa pensée. Vous pouvez faciliter la communication par la technique de la reformulation.

La reformulation

Si vous écoutez votre entourage discuter, vous observerez rapidement que personne ne s'écoute réellement: chacun suit le fil de sa pensée, empiète sur le sujet de l'autre; les mots semblent n'avoir pas la même signification pour tout le monde. La reformulation consiste à refléter en d'autres termes ce qu'autrui a voulu dire, et cela sans déformer sa pensée, en résumant l'essentiel de ce qui vient d'être dit. Il faut que celui qui a parlé reconnaisse absolument ce qu'il a exprimé.

Voici l'histoire d'une dame qui vient consulter deux médecins: son médecin de famille et un médecin du travail. Le premier la fait asseoir:
— "Je vous écoute.
— Docteur... hum... Je ne sais comment vous le dire...
Je suis si fatiguée... Et ma tête me fait si mal (silence).
— Vous êtes fatiguée, dit le médecin.
— Oui, répond la patiente. Je travaille tôt le matin (silence).
— Tôt le matin...
— Oui... en équipe (silence). C'est en usine...
— En usine...
— Oui... je fais de l'emboîtage sur machine...Alors, avec tout ce bruit... Et à la maison, cela recommence...
— Cela recommence à la maison (silence).

— Nous habitons au bord d'une route nationale... Alors ce mal de tête...le matin, c'est encore pire...

Soudain, le médecin intervient et, regardant cordialement sa patiente, lui dit après une pause de trois minutes:
— Si je vous comprends bien, madame, vous dormez mal ou pas du tout, à cause du bruit de la route nationale. C'est pourquoi le matin vous arrivez fatiguée; le bruit des machines de l'atelier, c'est un mal de tête en plus...
— Oh oui, c'est tout à fait cela, Docteur, s'exclame la dame, ravie.
Quand j'ai vu le docteur X, à la consultation de médecine du travail, il n'a rien compris. Il m'a trouvée nerveuse et je suis sortie avec une boîte de calmants à prendre en début de journée."

Que s'est-il passé durant cette consultation qui a duré environ quinze minutes? Le deuxième médecin, pressé par le temps (consultations à la chaîne dans un dispensaire de médecine du travail), a expédié sa patiente en quelques instants sans chercher à comprendre le fond de son problème: l'insomnie. Il s'est attaché à l'aspect extérieur de ce qui a été dit: mots mal exprimés, phrases hachées, difficultés d'élocution. Il en a conclu (bien hâtivement) que la nervosité de cette dame était la cause de ses maux de tête.

Dans le premier cas, le confrère a résumé en une seule phrase ce que la patiente a tenté de lui expliquer en quinze minutes. Le médecin a fait preuve d'empathie et a su reformuler ce qu'il avait entendu sans déformer le sens de ce qui était exprimé. Si la reformulation est bonne, c'est-à-dire exacte (donc efficace), elle est suivie par l'acquiescement de l'interlocuteur, acquiescement parfois tacite, parfois exhubérant.

En analysant ce qui s'est passé chez ce médecin pendant ces quinze minutes, on constate qu'il n'y a eu aucune conversation, aucune discussion. Cela ne fut ni un jugement ni un dialogue. Mais le médecin ménagea un temps de silence et d'écoute. Il est resté centré sur son patient: il a accueilli le message, il s'est intéressé au fond de ce qui se disait. Il a permis à sa patiente de s'exprimer jusqu'au bout sans lui couper la parole. Il lui a tracé un fil conducteur pour qu'elle puisse arriver à dire ce dont elle souffrait réellement. Il l'a guidée par ses seuls silences.

Voici maintenant une anecdote qui se passe dans le rayon électroménager d'un grand magasin.
Une dame vient d'avoir un sinistre dans sa cuisine. Elle pense refaire cette cuisine (qui n'est pas très grande). Elle n'a cependant pas l'intention d'acheter une nouvelle cuisinière dans l'immédiat, préférant se renseigner, accompagnée de son mari.
Un vendeur arrive et après les avoir salués, ne leur demande pas ce qu'ils désirent, ne leur fait pas l'apologie des produits de son secteur, ne leur propose aucune documentation sur les cuisinières. A la grande surprise des clients (qui n'attendaient que des informations, pour pouvoir comparer les prix avec ce qu'ils avaient vu ailleurs), le vendeur dit très calmement: "Je vous écoute". Cette phrase fut suivie d'un assez long silence. Finalement, la dame se hasarde à demander les prix. Le vendeur acquiesce du regard mais ne répond toujours pas, au grand étonnement du couple. Il ménage un court silence et regarde le conjoint. Celui-ci, fort agacé de devoir faire des courses avec sa femme et pressé d'en finir, brûlant d'impatience de parler, attaque. Il parle du mini-incendie, de l'allumette tombée par inadvertance, des murs noircis, des meubles de cuisine maculés, du bouton de la cuisinière calciné, de leur résidence secondaire, des travaux de réfection, etc. Le vendeur, lui, ne bouge toujours pas. Le client s'étant enfin arrêté de parler, il y a un dernier silence

suivi cette fois par l'intervention du vendeur: "En fait, si je vous ai bien compris, étant donné ce qui vous arrive, ce que vous recherchez, ce dont vous avez sûrement besoin, c'est quelque chose de ni trop petit ni trop grand, et le moins cher possible". Les clients, ravis, s'exclament que c'est absolument cela, et le vendeur leur fait acheter un mini-four électrique.

Amusez-vous donc à écouter autour de vous les gens bavarder et parler entre eux: vous verrez bien vite qu'ils ne s'écoutent pas. Chacun suit sa pensée, et les mots paraissent ne pas avoir le même sens pour tout le monde. La reformulation consiste à refléter en d'autres termes ce que les autres ont voulu dire, sans déformer leurs pensées; elle consiste à résumer ce qui est essentiel pour l'autre.

Exercez-vous à *reformuler* ce que vous entendez, afin d'abord de vous permettre de mieux comprendre ce que dit autrui, et surtout pour vous inciter à sentir comment il réfléchit et s'exprime.

Il faut vous donner la possibilité de parler le même langage que votre interlocuteur.

Un avocat, par exemple, sait ce que signifie le "droit de veto"; mais qu'il est sans intérêt d'employer ce terme devant quelqu'un qui n'a aucune connaissance juridique.

De même, un médecin sait ce qu'est une anorexie. Mais il est vain d'employer ce mot devant une personne qui n'a pas de connaissance médicale. Il vaut mieux alors parler de la perte de l'appétit.

Il faut s'astreindre à comprendre la pensée de votre interlocuteur et à parler le même langage que lui. Par cet exercice, vous arriverez petit à petit à vous décentrer de vous-même: on ne peut réellement communiquer avec ses semblables que si l'on arrive à faire abstraction de soi-même, à s'éloigner de son propre univers pour rentrer dans celui des autres. Vous pourrez ainsi apprendre à maîtriser votre attention: si vous vous rendez compte que vous retenez mal ce qui se dit, vous serez obligé d'être plus attentif par la suite. Faites-le comme un jeu.

Exercices de reformulation à deux

"En ce moment, j'ai l'impression que je n'ai pas de chance. Je suis à bout et découragé".
Au début, ne dites rien. Mais adoptez un silence plein d'attention et de sollicitude afin que celui qui parle se sente entouré et ne se sente pas seul. S'il reste sur ses positions, ne dites rien de plus que: "Tu te sens épuisé en ce moment?" S'il répond oui, et qu'il enchaîne en vous donnant les raisons de sa tristesse, laissez-le parler. S'il se tait, respectez son silence et assumez-le. Ne redoutez pas l'émotion qui, à moins que vous soyez de glace, surgit en vous.

"Comme je suis content! J'ai acheté cet amour de figurine en porcelaine que je convoitais depuis si longtemps".
Reformulez simplement: "Il y a longtemps que tu en avais envie?" S'il répond: "Oui, cela fait déjà longtemps que je la regardais en vitrine", c'est que la reformulation est effective: un nouveau terme (vitrine) est venu s'ajouter. Mais ne saisissez pas ce mot au vol: résistez à l'envie de demander où se trouve le magasin; évitez de parler de votre propre goût pour les antiquités (par exemple), vous risqueriez de vous laisser emporter par votre propre désir de parler, et, si vous posez des questions, l'entretien peut tourner à l'interrogatoire. Dites plutôt: "En un mot, toi, l'amateur de choses anciennes, tu es heureux d'avoir acquis la figurine qui a attiré irrésistiblement ton œil!"

Avec un ami, entamez une discussion sur n'importe quel sujet.
Faites chacun, avant de répondre, l'effort de comprendre ce que l'autre veut exprimer. Reformulez de manière que chacun obtienne l'accord de l'autre sur la reformulation, que chacun se reconnaisse dans ce qui est reformulé. Pour cela, vous pouvez commencer vos phrases par:
— Si j'ai bien compris c'est...
— Ce que tu viens de dire, c'est que...
— A ton avis, c'est...
— Il me semble que ce que tu as dit c'est...
— D'après ce que je viens d'entendre, tu dis que...

Exemple

Interlocuteur n. 1: "Jacques a appelé six fois Martine en deux jours, alors qu'il est parti pour le week-end de Pâques. Alors je propose que nous parlions de la relation entre l'absence et les sentiments".
Interlocuteur n. 2: "Si j'ai bien compris, tu veux qu'on parle de la relation entre l'absence et les sentiments à propos de Martine et de Jacques?"

Interlocuteur n. 1: "D'une certaine façon, mais je n'ai pas dit que cela".
Interlocuteur n. 2: "Alors, tu ne veux pas qu'on parle de la relation entre l'absence et les sentiments?"

Interlocuteur n. 1: "Mais si, absolument, mais en général, et pas seulement à propos de Jacques et de Martine".

Dans cet exemple, l'interlocuteur n. 2 n'a pas reformulé exactement la pensée de l'interlocuteur n. 1, car il est resté centré sur les personnages de Jacques et Martine. Voici une possibilité de reformulation: "Ainsi, ce que tu souhaites, c'est que nous abordions le thème des sentiments et de l'absence, idée qui te vient parce que Jacques a appelé six fois Martine pendant le week-end de Pâques et qu'elle était seule pendant ces jours de Fêtes".

Exercices de reformulation en groupe

Les règles sont les mêmes que précédemment. Il est cependant souhaitable de nommer un meneur de jeu dont le rôle sera de faire respecter la règle de la reformulation: pris dans le feu de la conversation, on est souvent tenté de répondre avant d'avoir reformulé.

Imaginez que vous soyez professeur. Cet exercice va permettre de savoir si l'on vous comprend bien. Dans le cas contraire, il vous servira à améliorer votre expression, à avoir l'esprit de méthode de façon à être très clair dans votre exposé. Trop de personnes sont excessivement préoccupées par le tour de leurs phrases, angoissées par la manière dont passe leur discours et elles n'arrivent pas à capter réellement l'attention des autres.

Du côté de l'auditeur, l'exercice permettra d'affiner sa capacité d'attention. Il lui offrira ainsi l'occasion de sortir de lui-même, ce qui est le meilleur moyen pour préparer à son tour un exposé captivant.

Celui qui expose doit essayer de faire comprendre au mieux ses idées à ses auditeurs. Après chaque idée (trois minutes au maximum), il attend que chacun reformule ce qui vient d'être dit. Il écoute la reformulation, il l'analyse. S'il pense que la reformulation traduit une bonne compréhension, c'est signe d'une bonne communication et l'orateur exprimera son accord. Dans le cas contraire, la reformulation sera discutée: celui qui expose explique pourquoi il est ou non d'accord avec les reformulations. Il reformule ensuite lui-même ce qu'il a dit avant de continuer son exposé. Dans le cas d'une mauvaise communication tenace, il faut essayer de déterminer quels sont les obstacles à la compréhension: problèmes dans l'articulation des idées, problèmes dans le débit, dans le vocabulaire, dans la prononciation, problèmes de présence...

COMMENT AMENER LES AUTRES A SE DECIDER

A deux personnes

"Je suis bien ennuyé. Je sens qu'il faut faire quelque chose, sortir de là, mais ce travail qu'on me propose est odieux. Je ne me sens pas capable de le faire. Je voudrais pourtant faire quelque chose... Je suis bien ennuyé".

Il y a plusieurs manières de répondre. On peut adopter une attitude d'*interprétation*. En traduisant les idées exprimées par l'interlocuteur, on les lui explique, on lui rend plus manifestes les raisons profondes de ce qu'il ressent. Par exemple: "Vous avez le sens du devoir, mais vous désapprouvez la mentalité de vos futurs collaborateurs. Ces deux sentiments s'opposent en vous. C'est pourquoi vous hésitez". Mais on risque toujours en interprétant de se tromper, de ne pas permettre à l'autre de trouver ce qu'il lui faut. D'un autre côté cette attitude peut permettre un réajustement des pensées.

On peut adopter une attitude de *reflet*. On dit à l'autre ce qu'on a appris de son problème. On lui montre qu'on l'a entendu et écouté. Cette attitude implique un profond respect pour l'autre. On s'efforce de se mettre à la place de son interlocuteur. On le lui manifeste en réexprimant avec conviction et clarté ce qu'il vient de dire, de sorte qu'il en prenne davantage conscience: "Vous ne savez pas quel parti prendre. Vous sentez l'urgence du travail, mais la seule occasion qui vous soit offerte en ce moment va à l'encontre de vos idées".

On peut aussi adopter une attitude de *soutien.* On rassure l'interlocuteur. On réduit l'intensité du sentiment d'insécurité qu'on décèle en lui. Cette attitude vise à soulager l'angoisse, à l'apaiser. "Vous savez, il est normal que vous soyez un peu désemparé. C'est humain. Mais vous ferez face, très vite". *Mais* cette attitude ne favorise pas une démarche positive, car elle risque d'encourager la passivité.

On peut adopter une attitude d'*investigation.* Cette attitude induit certes une direction, une orientation, par un complément d'information. *Mais* on risque de passer à côté du problème réel, (par exemple: obligation de travailler, mais aussi problèmes affectifs et personnels...).

On peut adopter une attitude d'*évaluation,* de *jugement:* on porte un jugement de valeur sur l'opinion, l'intention de l'interlocuteur. On lui dit si ce qu'il pense est bien ou mal. "Vous vous laissez aller somme toute à mettre votre devoir en balance; votre hésitation est purement sentimentale...". *Mais* cette attitude risque de structurer une situation de rapport domination-soumission entre vous et votre interlocuteur, d'instaurer une relation de dépendance qui ne favorise pas la communication. Mieux vaut rester neutre que de porter des jugements. Mieux vaut permettre à l'autre de mieux clarifier ce qu'il pense et ressent.

Enfin, on peut adopter une attitude de *décision.* On se substitue à l'interlocuteur pour lui indiquer (ou lui suggérer) ce qu'il doit faire. "Vous devez vous en sortir. Cette opportunité vous ouvre une voie toute tracée; vous accepterez ce travail..." *Mais* en réalité, on se débarrasse ainsi de la personne et de son problème, alors qu'il incombe à la personne ellemême de trouver la solution.

Parmi ces attitudes, seuls le *reflet* et l'interprétation correspondent à l'*empathie* et sont des attitudes positives.

En groupe

Les réunions discussions, les études de cas par exemple, peuvent avoir pour but une prise de décision. Ces réunions comportent quatre phases:
— le relevé des faits (phase *informative*);
— les avis sur les faits (phase de *discussion*);
— la recherche de solutions (phase de *créativité*);
— la phase finale de *choix* ou de *prise de décision.*

Les principaux obstacles à la décision sont les préjugés, l'impossibilité de s'entendre ou une trop grande hâte à trouver des solutions.

Le processus de la *prise de décision* est dominé par des luttes de sentiments antagonistes (amour-haine, désir-rejet, volonté de s'imposer, volonté de rester discret...). Les conflits qui se manifestent au grand jour, traduisent des oppositions intellectuelles. Mais ils sont souvent sous-tendus par des problèmes affectifs et des luttes inter-personnelles. Pour parvenir à une décision, il faut arriver à un accord. Celui-ci ne peut être obtenu que par un consentement composé d'acceptation de soi et d'acceptation d'autrui. Une décision a plus de chance d'être efficace si les mobiles et les buts personnels sont clarifiés et qu'il règne un climat de tolérance.

Un groupe de discussion, amené à prendre une décision, fonctionne à trois niveaux d'activités:
— *niveau du contenu:* les informations, les idées, les décisions par rapport au thème et à l'objectif;
— *niveau de procédure*: la manière dont le groupe s'organise, dont il procède pour traiter le contenu;

— *niveau affectif*: les sentiments éprouvés au cours de la discussion dans la relation avec autrui.

A ces trois niveaux correspondent trois fonctions, qui s'organisent autour du but à atteindre:
— *fonction productive:* informations, opinions, suggestions, solutions;
— *fonction de facilitation* (organisation et stimulation): rappeler l'objectif, faire le point par rapport au plan, faire la synthèse, relancer la discussion par la reformulation;
— *fonction d'élucidation des processus relationnels:* analyse des processus affectifs, notamment lorsqu'ils entravent la marche du groupe pour atteindre le but.

Les attitudes dans la relation avec autrui dans un groupe de travail sont généralement diverses.

La *suggestion* présente l'inconvénient de renforcer la dépendance du groupe vis-à-vis de celui qui l'anime. Elle peut avoir une valeur négative de contrainte, car le groupe peut se sentir manipulé.

L'*évaluation* consiste à porter un jugement de valeur en fonction de son propre cadre de référence: d'une manière plus ou moins explicite, on juge ce qui se dit. En réalité, l'évaluation renforce la peur du jugement et la dépendance au meneur du groupe. Elle risque parfois de provoquer une attitude de rejet, voire d'agressivité.

Le *soutien* est la dédramatisation du problème. Mais cela peut être aussi une attitude peu constructive dans la mesure où le groupe risque d'être rassuré à chaque fois que surgit un moment difficile.

L'*interprétation* traduit les idées exprimées en dévoilant ce qui était sous-jacent, caché, en mettant en lumière les causes profondes, les motivations inavouées. Elle sert à clarifier ce qui n'est pas perçu.

Ces attitudes sont le reflet d'une position implicite commune: la défiance envers les autres. Tout se passe comme si l'on pensait que notre *moi*, était seul capable de résoudre les problèmes. C'est nier par là même l'existence et l'indépendance d'autrui.

Suggérer, c'est faire entrevoir que les solutions trouvées ne sont pas les meilleures, qu'il faudrait adopter d'autres solutions. Evaluer, c'est dire implicitement comment le groupe devrait penser à agir. Soutenir, c'est sous-entendre que ce que l'autre éprouve n'est pas justifié, que le problème ressenti n'est pas aussi sérieux qu'on pense, c'est indiquer comment on *devrait* ressentir en réalité la situation.

Seule la compréhension est l'expression du respect de l'autre et du groupe. On accède à cette compréhension, par la conscience soutenue de nos réactions personnelles: cette conscience diminue les tensions qui peuvent exister dans la communication et, par là même, facilite les échanges constructifs. Ainsi, pour mieux communiquer, apprenez à faire abstraction de vous-même, et centrez-vous uniquement sur les autres. En d'autres termes, ne soyez ni égoïste ni égocentrique.

L'art de louer et l'art de blâmer

"Ceci s'adresse à vous, esprits du dernier ordre,
Qui n'étant bons à rien, cherchez surtout à mordre".

(Jean de La Fontaine, *Le serpent et le Lion).*

LE REPROCHE ET LE COMPLIMENT

La critique constructive

Dans la cour de récréation, un groupe d'enfants s'ébat joyeusement, consommant bonbons, carambars et autres douceurs. Les papiers jonchent le sol. Les enfants savent pourtant qu'il est interdit de les jeter par terre, que des corbeilles sont prévues à cet effet aux quatre coins de la cour. Quatre heures sonnent, un surveillant surgit, il jette un regard sur le sol et s'approche du groupe d'écoliers. A leur grande surprise, il leur distribue des bâtons de chocolat, en disant: "Avant de retourner dans vos classes, je serais heureux si vous mettiez ces papiers dans la corbeille, quand vous passerez par le préau. Les enfants, habitués aux colères, aux reproches de leurs maîtresses, (reproches qui d'ailleurs s'avéraient inutiles), s'exécutent sans récriminations, sans se jeter les uns aux autres des coups d'œil subreptices, sans faire des mines renfrognées. Ils ne disent rien, car le surveillant, au lieu de critiquer et de rechigner, a su faire comprendre aux élèves qu'ils avaient une obligation à remplir (laisser propre la cour) sans pour autant les culpabiliser. Sage tactique que celle-là: il sait que faire remarquer une faute d'une manière indirecte vaut infiniment mieux qu'une critique ouverte.

Un bureau d'études. C'est l'effervescence. On s'agite, car on doit lire un rapport à un client qui a annoncé sa visite alors qu'elle n'était prévue que dans une dizaine de jours, et que les résultats sont loin d'être prêts. Le directeur réunit son équipe: que faire, que dire? Va-t-il donner un grand coup de poing sur la table, et rugir contre l'inertie de son équipe? Va-t-il les traiter d'incapables et de paresseux, leur faire de multiples menaces?
"Puisque vous travaillez avec moi, dit-il, c'est que vous êtes ambitieux; et puisque vous êtes ambitieux, vous ne pouvez que réussir. D'ailleurs, vous l'avez déjà prouvé, ajoute-t-il en s'adressant plus particulièrement à son assistant.
Vous avez tous d'excellentes idées, et le nom de l'agence a marqué certains de nos confrères. La dernière réalisation de l'équipe fut vraiment intéressante, et je sais que vous vous êtes alors tous surpassés. Ne pensez-vous pas qu'il serait dommage que notre réputation en prenne un coup, car c'est ce qui risque d'arriver, quand notre client viendra après-demain et que vous lui annoncerez que les résultats de l'étude sont loin d'être avancés? Le relâchement que je constate depuis peu au sein de notre équipe ne peut être qu'accidentel, j'en suis sûr. Alors je m'en remets à votre sens des responsabilités pour remédier à ce retard. Je compte sur vous".
Le directeur obtint ce qu'il voulait, sans avoir suscité la moindre objection de la part de son équipe. Les résultats furent communiqués au client quarante-huit heures après et ce dernier, ravi, trouva le bureau d'études très compétitif. Mais que se serait-il passé si le directeur avait usé de la violence

des mots, s'il avait traité son équipe d'amorphe et d'incapable? Bien sûr, culpabilisés, ses salariés auraient sans doute aussi mis les bouchées doubles pour terminer le projet, mais dans quelle atmosphère! Enervement, rancœur, colère...

Dans l'exemple des enfants de la cour de récréation, aucune critique verbale n'a été émise. Un seul regard, jeté sur le sol, leur rappelle qu'ils étaient fautifs. Par contre, le surveillant a fait appel "en filigrane" aux bons sentiments des élèves, c'est-à-dire qu'il les a loués implicitement: "Comme vous êtes de bons enfants, vous ne pouvez que faire plaisir. Et vous me ferez plaisir en jetant les papiers de chocolat dans la corbeille". Ici, l'attitude critique du regard n'est pas du tout négative, puisqu'elle introduit une louange implicite.

Dans le deuxième exemple, l'assistant du directeur avait en effet un peu relâché son équipe. Lors de la réunion, vous l'avez bien compris, des louanges ont été prodiguées, avant que ne soit subtilement critiqué le relâchement du rythme de travail qu'avait constaté depuis un certain temps le directeur. Celui-ci s'est bien gardé toutefois de mettre ce relâchement en relief: il a commencé par des louanges et la critique finale a pris une valeur positive puisqu'elle signifiait qu'il n'était pas aveugle, qu'il se rendait parfaitement compte de ce qui se passait dans son service.

Les louanges négatives

Les compliments peuvent dissimuler la *moquerie.* Dans une cour de lycée, des adolescents entourent l'un d'entre eux, qui vient d'étrenner un costume étriqué. Il est doté d'un certain embonpoint, que ses camarades lui font (malheureusement) souvent remarquer. "Oh! comme tu es beau dans ce costume... Il te va si bien... Où l'as-tu trouvé, j'en voudrais un pareil..." lui disent-ils. Cette forme de louange, dans la mesure où louer c'est faire l'éloge de quelqu'un ou de quelque chose, vanter son aspect ou son mérite, est une louange négative: elle est sous-tendue par un esprit ironique. Les mots gentils ne reflètent pas une intention gentille, ils soutiennent exactement l'inverse de ce qu'ils semblent exprimer: ils dissimulent (à peine) la méchanceté.

L'*agressivité* peut s'exprimer dans les compliments. Deux rivales se rencontrent dans une soirée, prêtes à sortir toutes leurs griffes dehors. Elles ne le peuvent toutefois pas et s'envoient des compliments: "*Comme vous êtes belle ce soir... Comme cette robe vous va à ravir...*" Ce ne sont que de fausses louanges destinées à dévier leur agressivité réciproque.

La jalousie peut se dissimuler sous la louange:
"*Ce manteau est vraiment magnifique*", s'exclame d'un air piqué une dame, en voyant sur le dos d'une amie le vêtement qu'elle convoitait depuis longtemps.

Un compliment peut *masquer une gêne:*
"Oh! quel hasard! Comme je suis heureux de vous voir", dit un monsieur à un autre, feignant la surprise pour mieux masquer sa gêne, lors d'un dîner d'amis: une semaine plus tôt, ils ont échangé des propos violents...

Parfois, un éloge peut servir à *rompre un silence.* On parle alors pour ne rien dire:
"*Vous avez un joli stylo*", dit le participant d'un séminaire à son voisin de table, alors qu'un silence pesant s'instaurait au sein du groupe.

Enfin, toutes les formes de flagornerie ne favorisent pas une réelle communication. On flatte uniquement pour réveiller chez autrui des sentiments favorables envers soi. La flatterie est une forme d'hypocrisie: une personne, appréhendant une entrevue avec quelqu'un dont la réputation est celle d'un homme critique et intransigeant, pense en le flattant le conduire à avoir une attitude bienveillante. Un grand séducteur espère par des compliments et par des louanges attirer dans ses filets la femme qu'il convoite. Les louanges peuvent aussi être négatives, quand elles empêchent de progresser.

Elles peuvent engendrer le *narcissisme*: ainsi, une adolescente qu'on complimente trop souvent sur sa beauté, risque de ne pas faire d'efforts par ailleurs; elle sait que son atout principal, c'est d'être belle, et elle s'y tient.

Elles peuvent instaurer un *statu quo*: un cancre ayant fait un effort exceptionnel, risque de se reposer sur ses lauriers s'il est trop vivement félicité.

Enfin, un compliment peut, parfois, engendrer un *complexe d'infériorité*: une louange, quand elle est adressée à une personne devant une autre qui a subi un échec, peut être vécue comme un affront, car la réussite de l'un accuse la défaite de l'autre. Ainsi les parents (pensant bien faire) qui auréolent ostensiblement l'un de leurs enfants devant un frère ou une sœur moins brillants, risquent de donner à ce dernier un complexe d'infériorité, alors qu'ils pensaient éveiller en lui un sentiment d'émulation.

L'éloge positif

Les louanges, cependant, si elles sont sincères, sont tout à fait constructives. Elles peuvent permettre de prendre conscience de sa propre valeur et donc de s'affirmer. Elles peuvent être *stimulantes*, donner l'envie de s'améliorer encore plus; ou encore, susciter le *désir* de se perfectionner pour répondre à l'image idéale que semblent avoir de vous les autres. "Puisque l'on me perçoit aussi positivement, ne brisons pas cette image..."

Elles peuvent aussi être *valorisantes* et redonner simplement du courage à qui a perdu toute confiance en soi. Elles peuvent encore être une forme d'introduction à des critiques, de façon que celles-ci soient perçues avec moins de virulence, à l'encontre des reproches systématiques qui dévalorisent et culpabilisent.

Enfin, les louanges permettent à celui qui les fait, d'éprouver une certaine satisfaction: il est toujours agréable de faire du bien à quelqu'un, de lui dire du bien, à condition du moins d'être sincère. Une louange positive gratifie autant celui qui l'écoute que celui qui la fait.

Les reproches destructifs

Une critique, même si elle est peu explicite, peut être mal vécue. L'autre peut la prendre pour une offense, y répondre d'une manière agressive. Le jeu des critiques constructives est un jeu délicat.

"*Et si tu changeais de robe pour aller au théâtre*", suggère Madame à sa fille. A sa grande stupéfaction, elle essuie la réaction suivante: "*Puisque je te fais honte, alors, tout simplement, je ne t'accompagnerai pas à ce spectacle*".

Cette dame ne faisait que suggérer à sa fille de changer de robe, non qu'elle eût vraiment honte, mais tout simplement par désir de voir sa fille à son avantage. Mais cette suggestion fut prise pour une critique virulente, elle fut vécue comme un rejet.

Des critiques systématiques et incontrôlées peuvent engendrer un sentiment d'infériorité et briser toute motivation.

"*Puisque je ne vaux pas grand-chose, car on me critique si souvent... En bien! restons-en là, puisque je suis comme ça*".

Attention aux critiques injustifiées: l'innocent accusé risque de s'identifier à la mauvaise image que les autres ont de lui. Ainsi, un enfant qu'on accusera injustement de vol, risque de s'identifier au mauvais sujet que l'on a fait de lui, et à la longue de chaparder réellement.

"*Au moins, on ne m'accusera plus pour rien puisque je suis un voleur*".

Un mari abusif, à force de critiquer systématiquement les moindres faits et gestes de sa femme, finit par instaurer au sein de son couple une atmosphère conflictuelle, ayant aboli chez son épouse tout désir d'harmonie.

Les critiques peuvent pousser celui qui en reçoit fréquemment, à blâmer constamment à son tour. Pour se défendre contre les critiques, il critique lui-même. Autrement dit, il rejette hors de soi ce qui est désagréable en le projetant sur autrui. Mais cela peut créer un cercle infernal. Si vous êtes la cible d'une personne qui a la critique facile, c'est en fait souvent parce qu'elle porte au fond d'elle-même un grand sentiment d'insécurité. De peur d'être attaquée, elle va attaquer autrui, pensant ainsi désarçonner la critique. Soyez cependant magnanime, accordez-lui des circonstances atténuantes: si elle agit de la sorte, c'est sans doute parce qu'un jour, elle fut elle-même la proie de critiques.

INFLUENCER AVEC FINESSE

Evitez d'être agressif. Vous est-il jamais arrivé d'être la victime de voisins odieux?

Un jour de mai, un nouveau propriétaire arriva dans un immeuble parisien, au grand mécontentement de l'ensemble de l'immeuble. En effet, ce propriétaire, naguère locataire dans l'immeuble, n'avait laissé que de mauvais souvenirs: cavalcades dans l'escalier, soirées tapageuses, conversations tonitruantes en montant les étages... De surcroît, l'instinct de propriétaire s'étant réveillé, il en fit à sa guise: bricolage à n'importe quelle heure de la soirée, palabres interminables sur le palier, squattérisation des caves des voisins... Les mois passaient, et personne n'intervenait. Tout le monde préférait vivre "en paix", sans faire d'histoires... Cependant, un jour, à bout de patience, quelqu'un réagit... Mais il le fit avec une telle violence que cela dégénéra en une véritable querelle. L'accusé fit valoir ses droits de propriétaire, estimant que les travaux, il pouvait les faire n'importe quand dans la journée et même le soir, et ceci aussi longtemps qu'il en aurait envie. "Les autres n'ont qu'à écraser" ajouta-t-il.
Cependant un soir, la cage de l'escalier étant encore plus sale que d'habitude, une locataire décida, elle aussi, d'intervenir. Elle adopta une tout autre tactique: elle tabla sur l'intérêt amical.
— "Bonjour monsieur, comment allez-vous avec tous ces travaux?
— C'est pourquoi? répondit l'autre avec un ton agressif, entrouvrant à peine la porte.
— Je viens en voisine, poussée par la curiosité. Pensez donc, je suis sûre que vous devez faire de cet appartement un véritable bijou. Mais quel travail"!
L'interlocuteur, désarçonné, baissa le ton et ouvrit plus largement sa porte en disant: "Oh oui, c'était un tel taudis quand nous l'avons repris. Il nous faut tout refaire. Tenez, vous voulez entrer(...). Attention à la peinture, il y en a partout..." Saisissant au vol ce dernier mot, la dame signala délicatement les traces de peinture dans l'escalier. A la surprise

générale, on vit le soir même le propriétaire récalcitrant, à quatre pattes, en train de nettoyer les tâches de plâtre et de peinture, et, plus encore, de l'entendre ajouter: "Quand on fait des dégâts, on les répare".

Respectez les goûts, les idées, les prises de position d'autrui. Ne faites jamais sentir à votre interlocuteur qu'il peut ne pas avoir raison.

Dans le salon d'essayage d'un couturier, une dame de petite taille et un peu ronde hésite entre plusieurs modèles de vêtements. Elle opte enfin pour un manteau assez long, de couleur jaune vif, à col officier et manches bouffantes. Manifestement, il ne lui va pas. Pourtant elle le trouve bien et se fixe sur lui, malgré l'aspect ridicule qu'il lui donne. Le couturier, visiblement gêné par la laideur que conférait la cliente à son manteau lui dit: "Savez-vous, chère madame, que ce jaune rehausse extrêmement votre joli teint de brune. Mais ne pensez-vous pas que ce col un peu haut et ces manches importantes cachent par trop un cou qui mérite d'être montré davantage"? La cliente tourna devant sa glace. "Ah oui, répondit-elle, mais j'aime tellement cette ceinture... Certes, acquiesça le créateur, la ceinture est jolie. Si elle vous plaît autant, nous pouvons l'adapter sur un autre modèle... Celui-ci par exemple... Que pensez-vous de ce joli beige? Il s'adapte plus facilement, vous en conviendrez, aux différentes saisons de l'année... et, plus court que celui que vous avez essayé, il dégagera un peu plus votre silhouette, en mettant en valeur vos jambes..."

La cliente se laissa convaincre et se décida pour le manteau beige. Mais que serait-il advenu si le couturier avait systématiquement critiqué le choix de sa cliente? Probablement dépitée et furieuse, elle serait partie les mains vides; et le couturier, sans doute, en aurait été quitte pour perdre une admiratrice.

Voici encore deux exemples montrant qu'il est nécessaire d'user de diplomatie pour influencer ses interlocuteurs.

Premier exemple

Un vendeur maladroit, voulant absolument vendre un modèle de tapis qui n'avait aucun succès, crut judicieux, pour motiver ses clients à l'acheter, de se prendre comme cadre de référence. "Vous savez, leur dit-il, il est très beau, les couleurs sont magnifiques, la qualité extraordinaire, la forme originale. Quant au prix, vous n'en trouverez pas de plus bas. Tenez, je n'ajouterai rien de plus, si ce n'est que j'ai le même". A sa grande surprise, les clients partirent sans rien acheter. Pourquoi? En réalité, le vendeur, pressé de placer son article, ne s'est aucunement préoccupé des goûts et des besoins réels de ses clients. Ceux-ci, lassés, préfèrent quitter le magasin, plutôt que de discuter avec lui.

Deuxième.exemple

Un journaliste de mes amis m'a récemment relaté les affres par lesquelles il passait, chaque fois qu'il remettait un article. En effet, son rédacteur en chef, très pointilleux, très autoritaire, voulait avoir systématiquement raison et essayait de lui coller des fautes qu'il n'avait pas commises, prétendant qu'il commettait des erreurs d'informations. Mais comment pallier ces critiques systématiques? Il lui fallait un grand empire sur lui-même pour ne pas répondre sur le même ton vindicatif et lui faire des critiques en retour. Tous les mois, il disait à son rédacteur en chef. "Si vous croyez que vos sources sont les seules exactes et que vous insistez pour remanier mon article, d'accord. Mais je souligne absolument ce point: c'est vous qui devez en prendre le risque. Par contre, si vous acceptez la publication de mon article tel qu'il est, car je crois qu'il est bien ainsi, c'est moi qui en assumerai l'entière responsabilité..."

Pour influencer votre interlocuteur, faites vibrer sa corde sensible. Le meilleur des exemples est celui des avocats. Pour influencer les jurés en faveur de leur client, ils sollicitent leur compréhension et mettent en avant l'importance de la décision qu'ils auront à prendre. "Ceci mérite quelques réflexions, Messieurs les jurés... C'est à vous d'apprécier Messieurs les jurés... Je suis sûr que vous prendrez en considération... Vous êtes des êtres humains, vous pouvez donc comprendre la raison de l'acte commis par mon client... Qu'auriez-vous fait, si vous-mêmes, vous aviez été à la place de celui qui se trouve face à vous en ce moment?"

Quand vous sentez pertinemment que vous avez tort, mieux vaut le reconnaître spontanément.

Madame L. a l'âme bucolique. Aussi, elle se promène souvent au parc Monceau. Mais elle ne peut s'empêcher, ici de cueillir une fleur, là de déterrer une jeune pousse pour la planter sur son balcon, ou de faire un bouquet de feuillages pour le vase de son salon. Hélas, toute chose agréable ayant une fin, il arriva ce qui devait arriver. Un gardien intervint un jour, trop content d'ailleurs de faire preuve d'autorité. "Vous n'avez donc pas lu le règlement, tonna-t-il. Toute personne prise en flagrant délit de détérioration du parc sera passible de peines et d'amendes".

Madame L., prise sur le fait, répondit d'une petite voix, qu'elle ne pensait vraiment pas faire mal. "Ce ne sont que quelques feuilles. Un bouton de rose, cela ne nuit à personne, et ça me fait tellement plaisir... Comment, rétorqua le représentant de l'ordre, vous ne faites de mal à personne! Et la nature, qu'en faites-vous? Si tout le monde agissait comme vous, le parc deviendrait pire qu'une île déserte. Enfin, je vous laisse pour cette fois. Mais si je vous y reprends, ce sera une belle amende". La dame remercia et promit de ne plus récidiver.

Les jours passèrent et le printemps arriva. Oh! quelle merveille, ces cerisiers en fleurs! Elle ne put résister et leva son bras vers la branche qui s'offrait à elle. Soudain, elle se raidit, car elle vit tout à coup le gardien du parc la fixer intensément. Prise sur le fait, elle n'attendit pas que ce dernier l'interpelle, et se confondit en excuses: "Oui, je sais. La dernière fois, vous m'avez prévenu de ce qui m'attendait si je recommençais, de l'amende que je devrais payer. Je suis vraiment incorrigible..."
Le gardien, désarçonné, répartit: "Remarquez madame, je comprends bien... La nature est splendide à cette époque de l'année... Voyez, moi-même, j'adore les fleurs. Oui, mais vous aviez raison la dernière fois. Si chaque promeneur faisait la même chose, toute cette belle nature en souffrirait tellement... Je ne sais ce qui m'a pris de nouveau... Je n'arrive pas à m'en empêcher... Ecoutez, madame, reprit le gardien, je ferme les yeux encore pour cette fois..." Et il fit volte-face, partant vers les dormeurs qui sommeillaient sur la pelouse.

A votre avis, comment se serait terminée cette histoire, si madame L. avait tenté uniquement de se justifier? Probablement par une discussion qui se serait soldée simplement par une contravention.

Agissez avec sagesse. Rien n'est plus aisé que de critiquer et de dire à autrui qu'il se trompe. Mais, nous le savons bien, ce n'est guère un moyen pour amener son interlocuteur à dire "oui", en un mot pour l'influencer. Certes, contrecarrer nous donne l'illusion d'exercer un pouvoir sur les autres. On croit souvent que de ce fait, ils capituleront. En réalité, la nature humaine étant ainsi faite, quand on nous contrecarre, nous éprouvons bien souvent davantage le besoin de contredire notre interlocuteur. Tout dépend certes du but qu'on veut atteindre. Mais si l'objectif est d'influencer l'interlocuteur sans l'offenser ni l'irriter, mieux vaut prendre son temps: en effet, on peut espérer que l'autre finira par dire oui. *La patience est l'art d'espérer* disait Vauvenargues...

Voici la courte histoire d'un monsieur qui au départ n'avait aucune chance d'influencer son client. Et pourtant... Le client d'une banque nationalisée en avait assez d'être matraqué régulièrement par les publicités des services commerciaux qui voulaient lui faire dégager un compte courant trop bien rempli, l'amener à placer le surplus d'argent dans diverses actions financières. De plus, il avait en horreur qu'on prenne des décisions pour lui, et il avait une "dent" contre les banquiers qui selon lui, avaient pour seul but de spéculer sur le dos des clients. Il décida un jour tout simplement de liquider son compte courant et d'en ouvrir un nouveau ailleurs. Il prit rendez-vous, bien déterminé à ne pas se laisser faire. Le directeur de l'agence le reçut ainsi.
"Monsieur, commença par dire le client, je suis contre les méthodes de matraquages publicitaires dont vous inondez votre clientèle. Si j'avais eu envie de faire des placements, il y a longtemps que je vous l'aurais demandé. Dans un pays comme le nôtre, il est impensable qu'un citoyen ne puisse gérer son argent comme il l'entend!"
Le directeur, impassible, écoutait... Le client, un peu désarmé, s'arrêta un instant de parler, puis il reprit. De plus, avec la conjoncture économique actuelle, il n'y a pas de placement sûr... C'est à ce moment que le responsable de l'agence intervint: Je vous écoute avec attention, Monsieur. Si je vous comprends bien, c'est à cause de l'incertitude de la situation économique de ces derniers temps, que vous hésitez à faire des placements dans des actions ou des valeurs? C'est la dévaluation du dollar qui vous freine? — Oui, répondit le client radouci. Vous pensez de ce fait, que cumuler de l'argent sur un compte courant est une marge de sécurité,

qu'ainsi, l'argent ne risque rien? Oui, absolument, répéta le client. Vous avez des enfants, je crois? Oui, deux, mais... ils n'ont que neuf et onze ans, précisa le client.
Le responsable de l'agence, profitant de ce nouvel élément, informa le client que le placement d'argent en actions ou valeurs n'était absolument pas obligatoire, mais il lui posa la question suivante. "Supposons un instant, que vous veniez à disparaître ou que vous perdiez subitement votre situation, n'aimeriez-vous pas savoir que vos enfants aient un peu d'argent devant eux? Mais évidemment, admit le client. Dans ces conditions, ne croyez-vous pas qu'il serait préférable d'assurer les arrières et d'ouvrir un ou deux comptes épargne pour vos enfants? — Oui..."
Peu à peu, le client s'adoucit en voyant que la banque ne le forçait pas du tout à acheter des actions, mais qu'elle le conseillait dans son propre intérêt et dans celui de sa famille. Il décida le transfert d'un certain montant de son compte courant sur deux livrets épargne aux noms de ses enfants. Il accepta même par la suite d'être conseillé par la banque.

N'imposez pas vos idées à celui que vous voulez convaincre mais demandez-lui son avis. Une de mes amies, styliste à Lyon, avait du mal à placer ses modèles chez les décorateurs de cette ville. Elle s'interrogea sur cet état de choses et décida d'agir (contrairement à ses habitudes). Choisissant un certain nombre d'esquisses, elle décida de frapper à la porte de deux décorateurs avec lesquels elle espérait collaborer depuis longtemps.
Elle se présenta chez eux ainsi. "Je voudrais vous demander un service, dit-elle. Voici quelques esquisses de papiers et tissus d'ameublement. Je serais très heureuse si vous pouviez y apporter quelques critiques ou me donner quelques suggestions, afin de les adapter au goût du jour de votre clientèle..." L'architecte d'intérieur examina les esquisses un court

instant et, regardant la jeune femme droit dans les yeux, lui demanda de revenir au bout de quelques jours.
La jeune styliste prenait un risque: en effet, les décorateurs pouvaient bien aussi s'approprier les idées de ses modèles. Elle revint quatre jours après, accepta les quelques critiques, recueillit les suggestions et termina les esquisses en fonction des désirs exprimés. Quelques temps après, elle reprit contact avec eux, obtint des rendez-vous et leur montra son travail fini. Les décorateurs, ravis, lui passèrent des commandes.

L'important, dans cette démarche, c'est que la styliste n'a pas eu besoin de convaincre les décorateurs d'acheter ses modèles de papiers peints et de tissus d'ameublement, qu'elle croyait bien adaptés aux besoins de la clientèle. Par contre, en leur demandant leurs avis, elle leur a donné l'impression d'être eux-mêmes les créateurs de ces modèles.

Vous voyez à quel point il est important de laisser votre interlocuteur s'exprimer. Par ce moyen, vous pouvez l'influencer sans le forcer, sans l'offenser, sans l'irriter, en lui donnant l'illusion qu'il agit de sa propre initiative. Vous pourriez me rétorquer que tout ceci relève de la fiction et que la réalité est bien différente. Détrompez-vous: tous ces exemples sont tirés de la vie courante, et les techniques qui sont décrites ont vraiment fait leurs preuves.

Enfin, mettez-vous à la place de votre interlocuteur. Il est une évidence: souvent, même quand on est dans l'erreur, on se refuse à l'admettre, on suit son chemin de pensée; en un mot, on a des œillères. Mais il est essentiel de comprendre son interlocuteur et (surtout) de ne pas le critiquer. De toute façon, pour penser et agir comme il le fait, ce dernier a une raison qui, dites-le vous bien, dicte sa conduite. La compréhension est la clef pour mieux communiquer, elle stimule les bonnes volontés, aplanit les rancœurs, elle peut éviter les querelles, adoucir l'atmosphère, et inciter votre interlocuteur à vous écouter d'autant plus, à moins qu'il ne soit particulièrement borné.

CRITIQUER AVEC DIPLOMATIE

Nous avons parlé des aspects positifs et négatifs des louanges. Mais comment émettre des critiques sans pour autant blesser les autres et risquer de se faire mal aimer? La meilleure façon de faire passer une critique, c'est de la dire d'une façon indirecte. Nous avons déjà vu qu'il y avait des moyens subtils et délicats d'émettre des critiques. Voici d'autres façons de valoriser les critiques sans pour autant porter atteinte à l'amour-propre d'autrui.

Avant de critiquer, mettez en avant vos propres erreurs: à ce moment-là, soyez un cadre de référence.
La scène se situe dans une entreprise. Une nouvelle employée vient d'arriver. On doit la mettre au courant. On charge Madame L. de le faire. La journée passe. La nouvelle venue, crispée, désorientée, n'a pas complètement terminé le travail imparti pour la journée par madame L. Cette dernière, avant de quitter le bureau, vient voir, constate le retard, manifeste son étonnement, ne comprend pas. Pourtant, c'était clair, elle avait tout parfaitement expliqué. Le lendemain, la nouvelle arrivée a droit à un avertissement. "Mademoiselle, lui dit madame L., j'espère que cela ira mieux aujourd'hui; sinon, nous serons dans l'obligation de prendre quelqu'un d'autre".
Heureusement, le directeur qui passe à ce moment-là par le service, intervint et prie aimablement la nouvelle employée de passer à son bureau. Beaucoup plus ouvert aux autres que ne l'est Madame L., il commença ainsi: "Vous savez, mademoiselle, il est normal qu'on mette du temps à s'habituer au

rythme d'un nouveau service. Je suis sûr que vous ferez pour le mieux. Ce n'est pas compliqué. Ainsi, quand j'ai débuté, j'étais comme vous, un peu perdu, et quand je pense à toutes les erreurs que j'ai commises, je ne puis guère critiquer celles des autres. Et cela ne m'a pas empêché de devenir ce que je suis maintenant. Cependant, ne pensez-vous pas qu'il aurait été plus aisé pour vous de vous y prendre ainsi..."?

Il est bien évident qu'une critique indirecte passe mieux si celui qui l'a faite commence par mettre en avant qu'il n'est pas lui-même un être parfait. Evitez donc de donner des ordres et de prendre un ton souverain. Cela ne servirait qu'à braquer votre interlocuteur, à le faire rugir intérieurement contre vous. Soyez nuancé; faites plutôt des suggestions, sous la forme de questions.

Préservez avant tout la fierté d'autrui. Combien de fois est-il arrivé à des parents de réprimander leurs enfants devant témoins; à un supérieur de sermonner un employé devant ses collègues, et à d'autres de faire un esclandre en public, sans penser une seconde aux réactions suscitées chez la personne qui en est la cible? Subir des reproches en public, c'est souvent ressentir une profonde blessure d'amour-propre, une atteinte à sa dignité. *"L'amour-propre est une curieuse bête qui peut dormir sous les coups les plus cruels, et s'éveiller blessé à mort après une simple égratignure."* (A. Moravia).

Il est évident que ce n'est pas facile d'annoncer certaines choses à certaines personnes sans les blesser. Le chef d'une petite entreprise, obligé de recruter des personnes pour des activités ponctuelles dans le domaine du marketing téléphonique, éprouvait un malaise à l'idée d'annoncer, à la fin de chaque opération, que le contrat se terminait. Jusqu'alors, il faisait dire cela par l'intermédiaire de son assistante:

"L'opération est terminée. Nous n'avons plus de travail pour vous... De toute façon, vous étiez prévenus, ce n'était qu'une opération ponctuelle..." Les gens partaient aigris et se promettaient bien de faire une mauvaise publicité à la boîte. Un jour, un des proches du directeur se trouva dans la même situation et la vécut très mal: il eut l'impression d'avoir été amoindri, lâché, comme s'il avait été moins que rien. A partir de ce jour, ce chef d'entreprise décida d'agir différemment avec les gens qui travaillaient pour lui épisodiquement. A chaque fin de contrat, il faisait le point de l'opération avec les participants et leur disait: "L'opération n'était pas facile, et vous êtes parvenus à la mener à bien. Je vous en remercie. Nous penserons à vous dès qu'une nouvelle occasion se présentera. Merci, et à bientôt". De fait, les gens, même s'ils étaient décidés à ne plus continuer dans ce domaine, partaient sans amertume, avec le sentiment d'avoir réellement contribué à quelque chose. Leur amour-propre n'était pas atteint.

Parents, ne sermonnez pas vos enfants en public. Certes, honteux, ils essaieront peut-être (pour un temps) de tirer parti de vos critiques; mais cela risque aussi de les blesser intensément et de laisser des séquelles.

Il arrive parfois aussi qu'on sollicite les critiques. En effet, il est très important de savoir comment les autres nous perçoivent, car cela nous donne la possibilité de faire un retour sur nous-mêmes, de nous interroger sur le pourquoi du comment de notre comportement. Solliciter une critique, cela signifie qu'on est courageux et que la vérité ne fait pas peur. Cela signifie aussi qu'on a envie de s'améliorer et que l'on fait confiance à son interlocuteur.

Une critique peut aussi avoir la valeur d'une entrée en matière quand on ne sait pas quoi dire: ainsi, un long silence établi au sein d'un groupe est souvent rompu par la critique du groupe par un participant qui, parfois sans le savoir, fait démarrer les mécanismes de la communication.

Il peut arriver aussi que l'interlocuteur qui se trouve en face de vous amorce par une critique ce qui semble être pour lui une conversation. C'est à vous de savoir comment recevoir la remarque. Le meilleur moyen d'y faire face, c'est encore d'accuser le coup, sans faire surgir son agressivité, en essayant de mettre en application ce que nous avons décrit précédemment.

Qui de nous dans l'effervescence d'une conversation courante, d'une réunion ou d'un débat, n'a pu résister à l'envie de juger, d'agresser son (ou ses) interlocuteur (s)? Il est tellement plus aisé de mettre en avant un esprit moqueur, ironique, de ridiculiser ceux qui nous entourent, que de leur adresser des louanges. Les mots incisifs, les coups de pattes se rattrapent rarement. Avant de céder à la malice, pensez au contentement intérieur que vous pouvez éprouver en étant bienveillant.

Ceux qui sont loin d'avoir un esprit critique et une langue piquante sont conscients de la satisfaction que procure une attitude bienveillante. Il vous est sûrement arrivé d'entendre dire qu'on vous trouve sympathique. Qu'avez-vous épouvé à ce moment-là? Probablement de la satisfaction, et vous vous êtes senti bien disposé à l'égard de la personne qui a émis cette impression sur vous. Mais imaginez un instant qu'un ami plein de bonnes intentions vous rapporte qu'untel ne peut vous sentir? Je vous laisse préjuger votre réaction.

Lors d'un déjeuner de presse, un ami journaliste, se tournant vers son voisin, le confondit avec l'un de ses confrères (ils avaient des noms similaires) dont il avait entendu parler élogieusement par son rédacteur en chef. Monsieur C. apprécie beaucoup ce que vous écrivez. Le voisin sursauta: Ah oui? Le journaliste donna quelques précisions et comprit sa méprise à l'attitude de son interlocuteur: en effet, l'ayant confondu avec un homonyme, il ne pouvait savoir que les rapports de son interlocuteur avec le rédacteur en chef en question s'étaient détériorés depuis peu. Cependant, fort des éloges prononcés à son égard, le voisin, à l'issue du déjeuner, alla serrer la main du rédacteur en chef au lieu de l'éviter. Les éloges prodigués par erreur eurent l'effet d'un *Sésame ouvre-toi.*

Enfin, si vous vous trouvez confronté à des personnes d'un caractère impétueux et d'un esprit chagrin, le meilleur moyen de leur répondre est tout simplement de négliger de relever leurs propos désagréables, d'éviter de vous défendre ou de prouver que vous avez raison: cela ne pourrait qu'engendrer des discussions. Il est reconnu qu'en se taisant, en n'essayant pas d'exprimer son point de vue, et en négligeant les propos déplaisants, on dispose du meilleur moyen de désarçonner les querelleurs innés, les médisants ou les faiseurs d'histoires. En se heurtant au silence, ils seront bien forcés de changer de ton.

Dans un groupe de travail, une femme prenait un malin plaisir à semer la discorde et à ridiculiser ses collègues. Une seule d'entre elles échappait à sa prise. On en eut l'explication bien plus tard: elle était imperturbable, toujours égale à elle-même, et tout le mal qu'on pouvait se donner pour la désarçonner était vain. Voyez les taquins: ils prennent souvent pour cible, ceux qui répondent aux provocations.

Comment converser agréablement

RESPECTER L'AUTRE

Qu'éprouveriez-vous si, alors que vous vous apprêtiez à ouvrir la bouche pour parler ou que vous étiez en pleine conversation, quelqu'un intervenait brutalement en vous coupant la parole? Vous sentiriez probablement sourdre en vous une rage profonde, qui soit briserait votre élan et vous rendrait muet comme une carpe, ou au contraire susciterait en vous un désir de vengeance à l'encontre de la personne qui aurait osé entrer inopinément dans votre discours. Dans les deux cas, l'harmonie de la communication serait brisée; il n'y aurait plus d'échanges vrais, mais un rapport de force. Dans la première éventualité, votre interlocuteur, vous ayant en quelque sorte désarçonné, aura pris le dessus sur vous, en imposant son *Moi-je*; dans la seconde, c'est vous qui deviendrez aussi l'agresseur de l'autre.
En un mot, un rapport de force, une rivalité se seront instaurés entre vous.

Pour favoriser une conversation agréable et constructive, fondée sur l'échange mutuel et non sur la domination réciproque, il existe des moyens, qui se résument par le respect qu'on doit aux autres. Ces moyens sont fondamentaux et faciles à appliquer.

Encouragez les autres à parler en les écoutant attentivement. Il n'y a rien de tel pour freiner votre envie de vous exprimer, qu'une attitude désinvolte de la part de votre interlocuteur. Un regard vague, une mine crispée, renfrognée, un soupçon de bâillement, des yeux prêts à lancer des éclairs, les dénégations de la tête ou les tapotements des doigts sur la table sont autant de signes de désinvolture. Exprimés à l'encontre de ceux qui parlent, ils traduisent l'impatience de se mettre en avant ou au contraire le désir de mettre un terme à une conversation qui ennuie. Certains ne supportent pas que quelqu'un d'autre que soi puisse avoir le privilège de la parole, ou croient tout simplement qu'en coupant la parole et en y ajoutant leur "grain de sel", ils feront d'autant plus progresser la conversation.

La personne qui ne parle que d'elle-même ne pense le plus souvent qu'à elle-même. Bien sûr, il serait dangereux de faire de cette constatation une généralité. De toute façon, ces formes d'attitudes ne sont pas très constructives et risquent même de passer pour un manque d'éducation. Un grand journaliste américain, à qui l'on demandait le secret de la réussite de ses interviews, répondit: "Si l'on ne sait pas écouter, l'on ne peut atteindre le but qu'on s'est assigné, car à force de se concentrer sur ce qu'on a à dire, on ne peut le faire sur ce qu'on entend". Sage constatation!

En encourageant les gens à parler, vous leur donnez de l'importance, vous leur montrez de la considération. Si un ami vous fait part de ses soucis ou de ses problèmes, écoutez-le attentivement, (sans pour autant, évidemment, rester totalement muet). Evitez de vous prendre comme cadre de référence, en coupant systématiquement la parole et en vous efforçant avec ténacité de convaincre l'interlocuteur du bien-fondé de ce que vous dites, et en tentant de l'amener à penser comme vous. Bien souvent, quand on cherche à faire part à quelqu'un de quelque chose qui nous pèse, ce n'est pas tant par besoin de conseils que pour se faire écouter. On recherche de la part de son interlocuteur une attitude amicale, compréhensive. Cela nous permet de clarifier notre esprit, en nous déchargeant de ce qui nous pèse. A force d'emmagasiner dans notre esprit tout un éventail de pensées embrouillées, de réflexions accablantes, de rancœurs, de sentiments pessimistes, nous perdons tout discernement. Ainsi, en encourageant les autres à parler et en les écoutant avec attention, on leur permet de voir plus clair en eux, sans pour autant les juger ou les forcer à remanier leurs idées ou leurs sentiments.

Voici l'exemple d'une conversation agréable et constructive qui me fut relatée par une femme de mon entourage. Conviée à une soirée "Club informatique", elle s'y était rendue par simple curiosité, n'étant pas informaticienne elle-même, et se demandant au fond ce qu'elle allait pouvoir y faire (elle est professeur d'histoire et de géographie). Elle s'assit sur un canapé à côté d'une dame visiblement dans la même situation qu'elle. Pendant qu'on servait quelques rafraîchissements, la dame s'adressa à mon amie et lui demanda quelle était son activité professionnelle. "Professeur d'histoire - géographie", répondit-elle. "Comme c'est intéressant! J'adore les voyages. J'aimerais que vous me parliez des lieux que vous avez sans doute visité de par votre profession..." L'amie lui répondit qu'hélas, l'image qu'on se faisait des professeurs d'histoire et de géographie était une image surfaite, qu'en réalité, ils ne voyageaient pas autant qu'on pouvait se l'imaginer.
En sirotant son drink, la voisine (que nous appellerons madame M., l'informa qu'elle rentrait d'Australie. "Quelle aventure intéressante vous avez vécue, observa mon amie, j'ai toujours rêvé moi-même de partir à la découverte de ce

continent. Mais c'est tellement loin et tellement cher. N'êtes-vous pas trop dépaysée en Europe?" "Un peu, répondit tristement madame M. C'est un changement total de mode de vie: les saisons sont inversées, et les habitudes différentes, car elles se rapprochent de celles des Anglais". "Bien sûr, admit mon amie, mais reconnaissez cependant que vous avez une chance que d'autres peuvent vous envier. La seule image que j'ai de ce pays, c'est par les romans de certains auteurs, et ils m'ont bien fait rêver. Racontez-moi, je vous prie..." L'interlocutrice parla, parla presque une heure durant. Et l'intérêt initial qu'elle semblait porter à l'activité professionnelle de mon amie s'évanouit soudain. Cette dernière avait compris que madame M. avait besoin de parler d'elle, de ses souvenirs, de ses expériences pour neutraliser les sentiments d'incertitude et de dépaysement dont elle souffrait depuis son arrivée en Europe. Mon amie fut ravie de sa soirée. Etant de nature ouverte, elle avait su faire du bien à madame M. en la laissant s'exprimer. D'autre part, elle avait appris des choses intéressantes...

Sachez que vous pouvez être un agréable interlocuteur et converser aisément, sans pour autant vous dépenser en paroles: s'il vous arrive un jour ou l'autre de rencontrer une personne "originale" qui semble s'accrocher à vous, laissez-la parler. De toute façon, vous risquez seulement d'apprendre des choses nouvelles, d'aborder des thèmes qui jusque-là vous étaient inconnus. De surcroît, vous tirerez la satisfaction d'être perçu comme un agréable "parleur".

Ne soyez pas indifférent. Evitez de tempêter continuellement contre les temps quc nous vivons. Repoussez loin de vous les peurs, les ressentiments et les haines, qu'immanquablement vous risquez de placer dans vos conversations et qui ne font que refléter votre indifférence vis-à-vis de vos prochains.

Ne dites pas comme cette femme aigrie: “Ce qui se passe dans le monde, je m’en fiche... Il y a comme ça assez de problèmes chez nous...” Etre indifférent, c’est ne pas comprendre que tous les humains sont solidaires entre eux, c’est ignorer le sort des autres. C’est refuser simplement ainsi de nous intéresser à notre propre destin. Un tremblement de terre au Mexique nous concerne; les différentes guerres dans le monde nous concernent, de même que le chômage des uns et la maladie des autres.

Imaginez que vous soyez confronté lors d’une conversation à une personne aigrie: soit vous la laisserez déverser sa rancœur et son indifférence jusqu’au bout, mais alors quelle patience! Soit agacé, à juste raison d’ailleurs, vous monterez sur vos grands chevaux, outré par ce mur d’égoïsme, n’hésitant pas à rompre toute relation ultérieure avec cet interlocuteur.

Ne faites pas de vos ennuis un sujet de conversation. Remarquez qu’il est rare que vous sortiez réconforté d’une conversation dans laquelle vous vous êtes laissé aller à des confidences et à exprimer vos soucis et vos peines. L’écoute qu’on peut vous témoigner dans ces moments-là peut être pire que l’indifférence si elle n’est pas sincère. Elle peut être simplement de la compassion, sans pour autant que l’autre puisse réellement quelque chose pour vous mais vous risquez de vous enferrer dans vos problèmes: parler de ses soucis est bien souvent un moyen de les entretenir, voire de les prolonger.
Vous faire plaindre, c’est permettre aussi à autrui de vous envelopper de négativité. En effet, en plaignant une personne, c’est comme si on la déclarait vaincue, au lieu de l’aider à mettre en avant les avantages qu’elle peut tirer de sa difficile expérience. Mûrie et fortifiée par les épreuves, une personne ne peut qu’aller de l’avant. Après tout, chaque médaille a son revers.

Si l'on vous demande comment vous allez, gardez-vous de répondre que vous avez des soucis: astreignez-vous à déclarer que tout va très bien. Ne confiez vos préoccupations au cours d'une conversation qu'à ceux que vous sentez réellement sincères et constructifs.

Accordez une attention exclusive à votre interlocuteur. Que vous soyez plusieurs ou seulement deux, l'important est que celui qui parle ait l'impression d'être entièrement pris en considération par celui ou ceux qui l'écoutent, indépendamment de tout ce qui les entoure. En un mot, il faut accorder à votre interlocuteur une attention toute particulière quand il s'exprime. Quoi de plus désagréable que d'avoir l'impression de parler dans le vide? Imaginez un instant que vous soyez en train de discourir et que pendant ce temps, votre entourage ne vous accorde qu'une attention toute relative. Vous sentiriez probablement naître en vous un sentiment mélangé de colère et de déception.

Intéressez-vous au fond du problème exposé et non pas à la manière dont il est exprimé. Voici l'histoire d'un répondeur téléphonique et de son propriétaire.
Ayant acquis auprès des Télécommunications un répondeur-enregistreur téléphonique d'occasion garanti pendant un an, Monsieur V., au bout d'un mois, n'eut que des déboires avec cet appareil: au fil des jours, il fonctionnait de plus en plus mal. Les services qui l'avaient vendu n'existant plus, la garantie délivrée lors de la livraison de l'appareil n'avait plus aucune validité. Furieux, monsieur V. contacta à plusieurs reprises le service central des Télécommunications. Il se heurta à des murs d'incompréhension et à une grande agressivité: les employés contactés par monsieur V. voyaient dans sa démarche une atteinte à la bonne image qu'ils étaient censés représenter. Un dialogue de sourds.
Obligé en fin de compte de faire réparer son répondeur à ses

propres frais, monsieur V. crut un instant venue la fin de ses problèmes. Triste illusion. Quinze jours passèrent, et le répondeur, de nouveau, tomba en panne. Ne sachant plus à quel saint se vouer, le propriétaire malheureux décida de frapper haut, prit contact avec le directeur du service contentieux des Télécommunications et obtint un rendez-vous.
A sa grande surprise, la responsable, (c'était une femme) le laissa s'exprimer jusqu'au bout sans dire un mot, bien que monsieur V. fût encore la proie d'une fureur bouillonnante. Quand il eut fini, la responsable prit contact avec les deux employés mis au courant du problème et écouta leurs arguments... Puis elle réfléchit et essaya de se mettre à la place du client lésé. Enfin, elle s'avoua dépassée par ce genre de problèmes et demanda à l'intéressé ce qu'il souhaitait voir faire au niveau de son répondeur, en l'assurant qu'elle essaierait de le satisfaire.
Le client, qui était entré dans le bureau, prêt à crier au scandale et à menacer l'administration, désarmé par la gentillesse de son interlocuteur, répondit: “Je voulais tout simplement vous demander ce que vous pensez de cette affaire, et voir si éventuellement il y aurait une solution à ce problème”. La responsable lui répondit qu'elle essaierait de trouver dans une agence commerciale un appareil qui n'aurait servi qu'une courte période à la démonstration, que cet appareil serait, par précaution, entièrement révisé à sa demande et garanti par ses soins. Elle lui demandait seulement quelques jours de patience, et l'assura que, sitôt l'appareil trouvé, elle prendrait contact avec lui afin de l'échanger contre l'appareil défectueux.

Il est bien évident que, si la responsable s'était fondée uniquement sur l'aspect extérieur du discours de son client, c'est-à-dire sur l'agressivité (certes justifiée) et la revendication, elle aurait probablement réagi avec dureté. A l'animosité, elle aurait répondu par l'animosité. Heureusement, elle s'attacha uniquement au fond du problème exposé. Ainsi, elle donna satisfaction au client, et redora par la même occasion l'image de la maison.

Soyez naturel et détendu. Vous vous souvenez sûrement avoir côtoyé des personnes qui mettent tout en œuvre pour donner une prétendue bonne impression d'elles-mêmes et se faire remarquer à tout prix: regards accrocheurs, mises et détails vestimentaires voyants, ton de voix élevé dans l'espoir d'attirer l'attention... avec cependant sur leur visage, un reflet de désenchantement et d'amertume. Avez-vous eu envie de leur parler? Probablement, non. Par contre, vous avez sans doute été attiré par quelqu'un de naturel, qui vous sourit spontanément, sans apprêts ni artifices.

Un sourire ne coûte rien, mais il donne beaucoup. Fugace, il peut cependant laisser un souvenir qui peut rester longtemps. Il peut aussi, l'espace d'un instant, illuminer le cœur de celui qui ne sait plus sourire. Le sourire est plein de significations, parfois plus que les mots. Il dit: "Je suis heureux de vous voir... Vous me plaisez, c'est bien... Vous n'avez rien à craindre... Je vous souhaite la bienvenue..." Le sourire apporte le réconfort. Il peut faire tomber l'attitude défensive d'autrui et désarmer l'agressivité.

Le sourire est un don personnel. Les Chinois, pleins de sagesse, l'ont inscrit comme une ligne de conduite dans leur vie. Il ne s'agit pas évidemment que vous arboriez, quand vous conversez, un sourire permanent: cela serait stupide, artificiel et crispant pour votre interlocuteur. Mais admettez qu'une attitude naturelle, spontanée et souriante ne peut être qu'un facteur positif dans le bon déroulement d'une conversation.

Respectez les opinions de vos interlocuteurs. En un mot, soyez tolérant: "La règle d'or de la conduite est la tolérance

mutuelle, car nous ne penserons jamais tous de la même façon; nous ne verrons jamais qu'une partie de la vérité, et sous des angles différents", écrivait Ghandi. "La tolérance est la plus belle et la plus noble des vertus. Rien n'est possible sans cette disposition de l'âme. Elle est une question préalable à tout contact humain. La tolérance ne fait renoncer à aucune idée et ne fait pas pactiser avec le mal. Elle implique simplement qu'on accepte que d'autres ne pensent pas comme vous, sans les haïr pour cela", écrit Paul-Henri Spaak.
Etre tolérant, c'est favoriser une atmosphère calme, dénuée d'animosité; c'est partager des opinions sans pour autant les critiquer si elles sont contraires aux vôtres; c'est s'enrichir en acceptant la différence, voir ce qui vous entoure avec des yeux nouveaux, et montrer à vos interlocuteurs qu'ils ont de l'importance.

Evitez d'axer la conversation sur ce qui vous intéresse plus particulièrement et soyez à l'écoute de ce qui intéresse vos interlocuteurs. Respecter quelqu'un, c'est essayer de saisir pourquoi il pense de telle ou telle manière, de comprendre dans quel environnement il vit, de découvrir ses centres d'intérêt, voire les raisons de son comportement. Evidemment, ce n'est pas toujours facile. Cependant, montrez-vous coopérant. Faites abstraction de vous-même pour manifester le maximum d'attention à votre interlocuteur. Si vous êtes vendeur, ne matraquez pas votre client éventuel par des propositions diverses; mais faites-le parler de ce qui l'intéresse. Si vous êtes invité chez des amis qui ont des enfants turbulents ou, au contraire, repliés sur eux-mêmes, parlez-leur de ce qui peut les intéresser.

Un professeur de mes amis raconte ce souvenir d'enfance. Quand il avait dix ans, il faisait fréquemment des séjours chez sa grand-mère qui recevait beaucoup. De nature sensi-

ble, il avait du mal à communiquer avec le monde des grandes personnes, lesquelles ne comprenaient pas qu'il pût être si renfermé. Toute incitation à le faire participer aux conversations de la maison s'avérait inutile: replié dans un coin du salon, la mine renfrognée, il restait inexorablement muet, faisait des coloriages ou jouait avec une voiture de pompiers.
Un jour, un monsieur inconnu arriva. Après avoir présenté ses civilités à la grand-mère, il remarqua l'enfant dans son coin. Ayant compris son intérêt pour les voitures de pompiers, il lui en parla de façon si passionnante que l'enfant ouvrit enfin la bouche. A la grande stupéfaction de la grand-mère et de ses habitués, il déclara que le nouveau monsieur était gentil, charmant et intéressant. Ce qui était important, c'est que cet homme se soit intéressé à ce qui l'intéressait. Qu'importe qu'il l'ait fait parce que lui-même avait des enfants, ou simplement par égard pour la grand-mère. Toujours est-il qu'il lui avait donné envie de parler.
Au cours des conversations courantes, essayez un court instant de cerner la personnalité de votre interlocuteur: si vous êtes en présence d'un timide, évitez de lui parler des exploits et de la réussite des autres. Branchez-le par exemple sur l'art, les voyages. Demandez-lui son avis, reformulez ce qu'il dit, faites-lui sentir que vous êtes dans sa ligne de pensée, sans critiques ou considérations personnelles. En un mot, donnez-lui confiance en lui.

Si vous êtes en présence de quelqu'un qui paraît avoir des soucis, ne mettez pas en avant votre brio intellectuel. Ce serait peine perdue, vous n'arriveriez probablement pas à l'intéresser. Montrez-lui plutôt que vous vous intéressez en premier lieu à lui, soyez une oreille attentive.
Etre à l'écoute de ce qui intéresse votre interlocuteur ne peut que favoriser le déroulement harmonieux d'une conversation.

Quelques mots enfin concernant **les conversations téléphoniques:** le téléphone tient une place de plus en plus importante dans la vie actuelle. Mais il n'est pas toujours utilisé à bon escient.

"Je ne comprends pas, dit Danièle, une si grande amitié. Et voilà ce qui arrive pourtant: on se téléphonait constamment avec Barbara, et puis plus rien. Quand je l'ai rencontrée par hasard dans la rue, c'est tout juste si elle ne m'a pas évitée... C'est incroyable. J'ai appris que sa vie a changé. Il est vrai que l'on se voyait rarement, mais quand même! "Sa vie a changé?" lui rétorquai-je. "Oui, il paraît qu'elle a fait une rencontre. Elle aurait pu m'en parler. C'est inouï".

Que s'est-il passé? Si vous considérez que le téléphone n'est rien d'autre qu'une sorte de bureau de doléances, un moyen indirect de parler de vous, car vous n'arrivez pas à vous assumer vous-même, ne soyez pas étonné de ce qui vient d'arriver. Rappelez-vous ce qui a été dit précédemment: ne faites pas de vos ennuis des sujets de conversation, n'essayez pas de tromper votre solitude par des conversations superficielles; elles ne meublent qu'un cours espace de temps et, à la longue, n'apportent rien de concret. Quand vous vous retrouvez à nouveau seul, une fois le téléphone raccroché, vous vous ressaisissez. Peut-être même un sentiment de honte vous envahit. Et quand votre situation change un jour, vous ne voulez plus vous rappeler de vos faiblesses, et vous rompez avec tout ce qui risque de vous les rappeler.
Barbara s'est servie du téléphone comme d'une sorte d'exutoire, comme d'un moyen pour se débarrasser de tout ce qui la gênait et l'oppressait. Il en était de même pour Danièle. Leur relation était fondée sur une sorte de mimétisme. Elles se retrouvaient en quelque sorte l'une dans l'autre. Aussi, quand Barbara changea de vie, rien d'étonnant que ce semblant d'équilibre se rompe...

Dites-vous bien que la véritable amitié ne se mesure pas aux nombres de coups de fils passés. Quand on tient vraiment à quelqu'un, on éprouve avant tout le besoin de le voir. Rien n'est insurmontable: quand on veut réellement, on peut.

Le téléphone est néanmoins d'une grande utilité sur le plan relationnel:

— il permet de garder le contact. Mais ne l'utilisez pas comme prétexte pour bombarder les gens de vagues nouvelles régulières et systématiques, pensant ainsi entretenir une relation. Cela risque à la longue d'indisposer votre interlocuteur. Un jour ou l'autre, il finira par vous le faire sentir d'une manière directe ou indirecte;
— il permet d'annuler ou de confirmer un rendez-vous, ou d'annoncer quelque chose d'urgent;
— il brise les distances entre ceux que les kilomètres séparent; il permet aux sentiments de s'exprimer quand le contact direct fait peur;
— parfois, il peut sécuriser, réconforter, redonner confiance;
— il peut aussi être la preuve de l'attachement éprouvé envers quelqu'un et se situe alors dans le prolongement du contact direct.

SE LIBERER DU STRESS

Pour bien communiquer, soyez bien dans votre peau. Pour être bien dans sa peau, il ne faut pas être stressé, c'est-à-dire agressé par les facteurs extérieurs les plus variés, comme un choc affectif, une émotion, une maladie, un changement de température ou encore une contrariété: cela provoque un ensemble de perturbations organiques et psychiques (le physique et le mental ne faisant qu'un), qui vont induire un comportement particulier. Tout le monde est nerveux, mais les manifestations de la nervosité peuvent avoir des formes multiples: difficultés à s'entendre avec les autres, difficultés à communiquer, agressivité fréquemment manifestée, dramatisation de ce qui en réalité est sans grande importance, sentiment d'infériorité, doutes, soupçons injustifiés, incapacité de profiter agréablement des petits riens de la vie.

De nombreuses recherches médicales ont démontré que les glandes endocrines, l'hypophyse et les surrénales, jouent un rôle important dans le maintien constant de l'équilibre de notre organisme. A toute agression (ou stress), elles répondent immédiatement. Si l'on soumet un rat de laboratoire à une décharge électrique à haute tension, sa réaction sera la même (toute proportion gardée) que celle de quelqu'un qui vocifère son mécontentement vis-à-vis d'une personne ou d'une situation qui l'exaspère. Dans les deux cas, la pression artérielle augmente, ainsi que la sécrétion gastrique. Les artères se contractent. Quand la menace réelle ou imaginaire diminue, l'hypophyse et les surrénales sécrètent des hormones calmantes qui provoquent une phase d'accalmie. La persistance de cet état d'alternance conduit le rat à la mort, et l'homme à un état d'épuisement qu'on nomme dans le langage courant la dépression. Celle-ci englobe les symptômes précités et nous installe dans un état de tourmente quasi-permanente.

Bien sûr, il est délicat de faire admettre à quelqu'un qui vit les difficultés de la société actuelle (chômage, conflits divers, travail difficile, mésententes...) qu'il faut cesser de se tourmenter, que ce comportement équivaut à une autodestruction et que celui qui accepte d'être stressé risque une maladie de cœur, de l'hypertension artérielle ou un ulcère à l'estomac.

A supposer que vous ayez les stigmates du stressé, ne croyez pas que la situation soit dramatique. Mais c'est la sonnette d'alarme qui annonce qu'il est grand temps de réagir. Sachez que tous ces symptômes sont des freins à une bonne communication, car ils ont un impact sur vos gestes, vos mimiques, votre maintien, votre regard, et bien entendu sur la parole. Pour vous libérer du stress, apprenez à vous décontracter et à bien respirer.

Comment lutter contre la tension, contre l'émotion? Il n'est pas facile de maîtriser ses émotions. Certains y parviennent plus aisément que d'autres. Voici quelques conseils pratiques pour vous libérer de la tension nerveuse.

• **Ménagez vos critiques.** Au lieu de critiquer les actes d'autrui, essayez plutôt de découvrir ses qualités. Il en résultera pour tous les deux une grande satisfaction qui aura un effet positif dans la communication.

• **Apprenez à n'avoir pas toujours le dernier mot.** Baissez pavillon de temps en temps. Evidemment, on veut garder ses positions quand on est sûr de ce qu'on avance. Mais il est toujours possible de le faire avec calme, car un ton agressif a pour effet d'exciter davantage l'interlocuteur. Apprenez à faire des concessions, et vous serez surpris de l'effet créé. Une concession peut aboutir à une prise de décision et engendrer par là même un sentiment de satisfaction.

• **Mettez vos accès d'agressivité et d'angoisse de côté.** Si vous vous sentez submergé par une irritation permanente, pensez qu'après la colère surgissent souvent la honte et les regrets. Si vous avez un reproche à faire à quelqu'un, au lieu de vous emporter, faites un effort sur vous-même: calmez-vous, laissez passer l'orage et le temps. Une fois la colère tombée, il est plus aisé d'affronter la personne qui vous a irrité, et de régler les problèmes en douceur. C'est un point positif supplémentaire en faveur d'une bonne communication.

• **Vos ennuis personnels s'atténueront, si vous vous intéressez plus aux autres.** C'est une forme d'évasion constructive que de faire ignorer vos ennuis: vous contribuez ainsi au succès de la communication.

• **Rendez-vous disponible.** Plutôt que de vous retirer dans un cocon et de renoncer à toute forme de participation sous prétexte que les gens vous ennuient ou que vous vous sentez délaissés ou méprisés, soyez disponible. Intéressez-vous aux autres et ne vous tenez pas volontairement à l'écart. C'est ouvrir une porte supplémentaire à une communication positive et harmonieuse.

La relaxation

Il vous est sûrement arrivé de regarder un chat étalé en plein soleil. Attendri, vous lui chatouillez le museau et vous caressez son pelage. Imperturbable, il lève une paupière et vous donne l'illusion qu'il vous fait un clin d'œil complice, semblant dire: "Ah quel bonheur! Je suis bien, rien ne m'atteint, quel paradis". Dans cette position d'abandon, le chat ne dort pas; mais il est en pleine relaxation. Faites comme le chat, apprenez à vous relaxer, à vous détendre, à vous oublier… A défaut de pratiquer le véritable yoga, comme dans certains pays orientaux, apprenez à relâcher votre corps et votre esprit d'une manière simple et systématique. Deux méthodes de relaxation s'offrent à vous.

Première méthode. Allongez-vous par terre sur un tapis, un coussin sous la nuque, un sous les avant-bras, un sous les genoux. Avant de prendre conscience de l'état de relâchement et de l'apprécier, il vous faut prendre conscience de l'état de crispation dans lequel vous vous trouvez. Crispez-vous, puis relâchez votre plexus solaire (cet amas de filets nerveux enchevêtrés, situé juste derrière l'estomac). Puis serrez les mâchoires... et relâchez. Serrez les poings, relâchez. Continuez avec d'autres parties du corps... Cette alternance de décontraction et de crispation est nécessaire pour comprendre physiquement la différence qui existe entre ces deux états. Enfin relâchez-vous... Abandonnez-vous dans cette détente qui commence à se faire sentir. Vous percevrez un léger état de tension. Vous allez faire intervenir votre imagination pour la faire disparaître. Imaginez que vous êtes dans un environnement agréable, calme et serein. Vous n'avez rien à faire. L'air est doux, la terre vous porte... Laissez-vous aller. Faites comme le chat ou l'enfant endormi. Abandonnez-vous. Il se peut qu'au début vous éprouviez un léger vertige, car le fait de relâcher les nerfs accélère la circulation du sang dans les artères. Aucune importance... Continuez à vous laisser aller jusqu'au bout. Bientôt, vous éprouverez une impression de chaleur et vous en serez d'autant mieux. Un quart d'heure de relaxation est une sauvegarde contre les fatigues et les agressions journalières. Mais il faut parvenir à vous détendre physiquement, tout en faisant le vide total dans votre tête, de vos préoccupations et de vos pensées.

Deuxième méthode. Elle est étroitement liée à la respiration: c'est la décontraction par segment.

La décontraction du cou: la contraction des muscles du cou a souvent des effets indésirables: pesanteur, "crissement de sable" quand on ébauche un mouvement latéral, sensation de blocage vertébral, voire maux de tête. Pour décontracter votre cou, mettez-vous debout. Laissez aller doucement votre tête en avant et tournez-la vers la droite, en arrière, puis sur la gauche, et de nouveau revenez en avant. Faites-le plusieurs fois de suite. Si vous commencez à vous sentir étourdi, recommencez en sens contraire.

Les crissements que vous pouvez sentir vont s'atténuer progressivement.
Evitez de faire des mouvements trop rapides et trop brusques; cela risque de vous donner la sensation que tout tourne autour de vous, et de vous déstabiliser.
Ceux qui ont les vertèbres cervicales particulièrement fragiles peuvent faire ces mouvements en position assise et maintenir leur nuque avec une main pendant la durée de ces mouvements. Vous sentirez progressivement un grand bien-être vous envahir et, ceux qui ont des difficultés de mouvements au niveau de la nuque constateront que lentement ils pourront élargir leurs mouvements.

La décontraction des épaules: les épaules sont les endroits de notre corps les plus sujets à la tension et à la contraction. Elles nous donnent parfois l'air de supporter les plus lourds fardeaux. Ne dit-on pas que "le fardeau des années s'est abattu sur ses épaules", "qu'il porte sur ses épaules tout le poids des malheurs du monde"? Comme pour votre nuque, remuez vos épaules en laissant les bras le long du corps. Poussez-les en avant, puis en haut, en arrière et vers le bas, l'une après l'autre.

La décontraction des bras: après votre cou, vos épaules, décontractez vos bras, l'un à la suite de l'autre, en leur faisant faire "le moulin à vent". Tournez-les en arrière, en bas, en avant... puis synchronisez les deux bras ensemble. Décontractez-les...
Toujours debout, faites bouger vos doigts comme si vous aviez une crampe ou des fourmillements. Puis faites les marionnettes comme le font les enfants. Aucune résistance ne doit s'opposer malgré une légère tension un peu douloureuse au départ. Progressivement la détente survient et vos bras se décontractent.

La décontraction totale: pour terminer, allongez-vous par terre et respirez profondément. La condition *sine qua non* pour réussir cette décontraction totale, c'est de faire le vide intégral en vous, en ne pensant absolument à rien.

La respiration

Parler met en jeu notre corps. Si nous arrivons à parler, c'est parce que l'air fait vibrer nos cordes vocales. Notre organisme est formé de différents appareils: appareil locomoteur, appareil digestif, appareil génital... enfin appareil phonatoire. Ce dernier comprend un ensemble d'éléments qui concourent à la production de la voix:

— les poumons, le thorax, l'abdomen, que l'on pourrait comparer à une soufflerie;
— un système vibratoire (larynx, cordes vocales);
— un système d'amplificateurs et de vibrateurs (bouche, pharynx, cavités nasales).

Nous allons parler de la première partie de l'appareil phonatoire, c'est-à-dire de la *soufflerie*. En réalité, nous ne savons pas respirer. La respiration que nous apprenons dans les cours de gymnastique (inspirez, soufflez, inspirez) nous oxygène certes, mais bloque notre voix. La respiration phonatoire est différente de la respiration sportive. Elle obéit d'une manière permanente aux besoins d'oxygénation du sang et au rejet du gaz carbonique. L'air suit un trajet: bouche, fosses nasales, pharynx, larynx, trachée, bronches, et enfin les poumons où se produit, au contact du sang, l'échange chimique.

Le rôle de la ventilation enregistrée par les vertèbres, le sternum et le diaphragme est assuré par la cage thoracique et les poumons. Dans la respiration normale (quand vous marchez ou quand vous vous reposez), la phase inspiratoire de l'air est volontaire et active, mais l'expiration se fait par simple relâchement des muscles concernés. Dans la respiration oratoire, l'air véhiculant le son, la phase de l'expiration est prépondérante.

Penchons-nous un instant sur notre propre manière de respirer. Probablement, vous ne l'avez pas fait jusqu'à présent. Vous pourriez être tenté de penser que réfléchir sur sa respiration est une idée bizarre, alors que l'acte de respirer est aussi spontané que celui de boire, dormir ou manger. L'important est ici de pouvoir comprendre et maîtriser sa respiration.

Debout, face à une glace, respirez et observez-vous: la cage thoracique gonflée et le diaphragme soulevé, vous levez les épaules. En réalité, vous respirez à hauteur de la poitrine et ainsi vous bloquez votre voix. Cette respiration bloque les muscles abdominaux et est donc néfaste pour l'expression orale. Il convient d'utiliser une autre forme de respiration: la respiration ventrale et costale.

Allongez-vous par terre sur le dos. Soyez complètement détendu. Etre détendu, cela signifie que si l'on soulevait votre main (par exemple), elle retomberait net, complètement molle. Restez ainsi, autant que vous le pouvez, puis inspirez de façon à grossir le ventre (respiration ventrale) et à élargir la cage thoracique (respiration costale). Expirez par la bouche, en parlant sur le souffle durant quelques secondes. Les muscles de la ceinture abdominale entrant en jeu, l'orateur se dégonfle volontairement. Cette facilité respiratoire joue un rôle important dans la relaxation corporelle et soulage le trac, l'anxiété et l'angoisse qui précèdent ou accompagnent la prise de parole en public.

Une petite précision: il faut distinguer l'angoisse de l'anxiété. Quand vous dites être anxieux, vous n'arrivez souvent pas à définir ce que vous ressentez, hormis une vague impression d'incertitude, d'inquiétude, d'appréhension. A l'inverse, quand vous décrivez diverses sensations physiques qui vous troublent et qui peuvent aller jusqu'à vous bloquer, c'est l'angoisse que vous décrivez. L'angoisse, ce sont les manifestations physiques qui peuvent accompagner l'inquiétude et le sentiment d'incertitude diffus qui sont les signes de l'anxiété. L'angoisse, c'est la sensation d'une boule dans la gorge, c'est l'estomac crispé, la tête serrée comme dans un étau; ce sont les oppressions douloureuses, les frissons. Autrement dit, l'anxiété est le support psychique de l'angoisse.

Quand vous avez bien maîtrisé la respiration ventrale, vous pouvez continuer par la respiration rythmée en trois phases: inspirez; ne respirez plus; soufflez. Dans ce type de respiration, l'inspiration, plus courte, s'effectue en quatre temps; la rétention (c'est-à-dire lorsque vous ne respirez plus et que vous gardez l'air dans vos poumons), en huit temps, de même que l'expiration. Il vous suffit de compter avec lenteur, mentalement, les temps: 1,2,3,4 ... 1,2,3,4,5,6,7,8... 1,2,3,4,5,6,7,8.

Nous avons parlé de la *respiration sportive* qui bloque la voix; de la *respiration ventrale*, de la *respiration rythmée*. Abordons maintenant la *respiration par une narine*. C'est une recette de bonnes femmes pour soulager un rhume et aider à mieux respirer. Il suffit d'appuyer un doigt sur une narine et de respirer avec l'autre narine. Vous éprouvez quasi-instantanément une plus grande facilité de respiration. Votre nez se sera en quelque sorte dégagé.

Vous pouvez appliquer cette méthode après un surmenage intellectuel, car elle favorise une meilleure irrigation du cerveau:

— bouchez-vous la narine droite;
— inspirez par la narine gauche;
— puis bouchez la gauche, et expirez avec la droite;
— continuez à vous boucher la narine gauche et inspirez avec la narine droite. Bouchez la droite, et expirez avec la gauche... Respirez ainsi pendant quelques minutes.

Notre voix dépend du souffle et de son utilisation: trop de souffle écrase la voix; à l'inverse, trop peu de souffle l'empêche de se faire entendre. Comme il y a interaction entre notre psychisme et notre respiration, si nous modifions volontairement celle-ci, nous pouvons agir sur le psychisme: une respiration ventrale fait reculer l'émotion, voire la peur; le passage de l'air sur le plexus solaire soulage la constriction abdominale et parfois les ulcères. Quand vous sentez l'angoisse s'emparer de vous, rien n'est meilleur que de "respirer un grand coup".

La maîtrise de soi

SAVOIR MAITRISER SES ATTITUDES

Nous avons abordé au premier chapitre le langage non verbal, dont les gestes et la mimique sont les éléments importants. Le geste est le rival de la parole et, avec le visage, le regard, le maintien et les mains, il renforce la pensée. Lorsque vous parlez, que ce soit lors d'une conversation à deux, d'une réunion ou d'un débat public, vous êtes vu et interprété par ceux qui vous entendent.

Dites-vous bien qu'hélas! (la nature humaine étant ainsi faite) tout ce qui paraîtra artifices, fioritures, platitudes, absurdités, sera relevé, interprété souvent avec cruauté par un interlocuteur ou un auditoire victime de ses projections personnelles.

Les signes non verbaux sont autant de mots qui viennent renforcer, moduler, altérer, corriger le langage verbal issu de la pensée, les mots qui s'enchaînent et s'égrènent dans les phrases que vous prononcez.

Mais êtes-vous conscient, quand vous faites une grimace à la place d'un sourire, quand votre doigt s'égare sur votre nez ou sur le lobe de l'oreille, quand vous chatouillez votre moustache, votre barbe, ou plus simplement votre menton, quand vos sourcils s'élèvent ou que vous enroulez une mèche de cheveux autour de votre index, que vous êtes vu par les autres sans pour autant vous voir vous-même? Le langage non verbal reflète souvent notre vie intérieure d'une manière incontrôlée (tics, toussotements, râclements de gorge, mimiques mal maîtrisées, gestes démesurés, regards fuyants...). Ces signes viennent gêner, perturber la communication, ils se superposent aux paroles en freinant l'échange au lieu de le faciliter.

Vous mesurez certainement l'importance de la maîtrise de soi dans ce domaine. Il faut faire en sorte que le non-verbal soit conscient, volontaire et synchrone avec les paroles exprimées; qu'il joue un rôle de renforcement, de modulation ou de confirmation de l'expression orale. Ainsi, lorsqu'on est content, on sait trouver les gestes qui reflètent le contentement. On est déçu, et le geste exprimé est approprié à la déception. Enfin l'on est convaincant lorsqu'on trouve des gestes convaincants. Le geste et l'attitude sont donc deux éléments qui, comme la parole, font comprendre le contenu de ce qu'on veut dire.

Vous avez sûrement remarqué qu'on arrive souvent à faire comprendre aux autres, par notre attitude et par nos gestes, beaucoup plus que ce qu'on leur dit. Le langage gestuel est parlant en lui-même, expressif, plein de significations; mais il est aussi le plus souvent freiné, modéré, inhibé, soit par un repli excessif sur soi-même, par la timidité, soit par le contexte social. Il est de bon ton, par exemple, d'avoir une attitude distante, réservée, rigide, autrement dit ne pas laisser filtrer ses sentiments; car toute libération de l'expression serait une atteinte au bon genre et au bon ton. Cette réserve est à la fois le style d'une certaine couche sociale et le vice d'une société qui, axée sur la rentabilité, la technicité, l'expansion, amoindrit et freine l'expression pure.

Il faut donc apprendre à se servir des gestes. On ne peut avoir de l'emprise sur notre aspect, c'est-à-dire sur la manière dont nous sommes perçus par les autres, qu'en libérant nos émotions et nos sentiments par le geste. Faire des gestes est en effet libératoire. C'est une sorte de "catharsis".

La catharsis vient d'un mot grec qui signifie purification, purgation. Ce terme fut employé par Aristote dans sa *Poétique* pour définir les effets de la tragédie sur les spectateurs. Ceux-ci sont rarement passifs: le plus souvent, ils participent à l'action par l'imagination, en s'identifiant à l'un des personnages de la tragédie, et en ressentant les émotions par la voix et les gestes: ovations, hurlements, gestes de menaces ou d'encouragement, etc.

A la fin du dix-neuvième siècle, ce terme de catharsis fut repris par le célèbre neuropsychiatre autrichien Sigmund Freud, pour désigner l'effet salutaire provoqué par le rappel à la conscience d'un souvenir à forte signification émotionnelle, refoulé, enseveli au fin fond de l'inconscient. La méthode cathartique est utilisée en psychologie pour sa valeur thérapeutique. Les techniques employées varient de la psychanalyse classique au psychodrame, sorte de jeu théâtral improvisé qui vise à développer activement la spontanéité des participants: ceux-ci doivent être tout à fait naturels, jouer leur propre personnage pour eux-mêmes, sans chercher à exercer un effet sur les spectateurs.

Moreno, psychologue d'origine roumaine, fonda un théâtre de la spontanéité, étant épris de théâtre lui-même. Il eut l'idée de sa technique en écoutant les confidences du mari d'une actrice, spécialisée dans les rôles d'ingénues et de romantiques, qui se conduisait en harpie dans sa vie privée. En lui demandant de jouer des rôles de femmes méchantes et acariâtres, il obtint une véritable transformation de son comportement dans la vie privée. Ce jeu de scène eut un effet libératoire.

Voici quelques exercices qui vous permettront de réfléchir et de prendre conscience de vos attitudes par la mimique et les gestes que vous effectuerez.

Exercices pour maîtriser les expressions du visage. Essayez de simuler avec le visage les sentiments, les émotions ou attitudes suivantes, en vous mettant debout devant une glace. Certes, ce n'est pas toujours facile et agréable de s'y voir, surtout si l'on est timide et anxieux; mais c'est un excellent moyen de se contrôler et de prendre conscience des expressions de son visage:

— la peine et la joie;
— la colère et la tendresse;
— la tristesse et la gaieté;
— le souci et le contentement;
— la désapprobation et l'approbation;
— l'indifférence et la compréhension;
— l'hypocrisie et la sincérité;
— l'apathie et l'exaltation;
— la déception et l'enthousiasme;
— l'ironie et la bienveillance;
— le dégoût et l'attirance.

Ceci à titre d'exemple. Il est bien entendu que vous avez le libre choix des émotions, des sentiments ou des attitudes que vous avez l'intention d'exprimer. Il s'agit de faire passer l'expression des sentiments que vous allez mimer dans les mouvements des muscles de votre visage: essayez de vous concentrer sur le mouvement de votre visage, qui vous permet d'exprimer tel sentiment, telle émotion. Prenons par exemple le contentement, exprimé par le sourire, et à l'opposé le dédain, signalé par une moue. Vous utilisez ici principalement les muscles de la bouche: en les étirant quand vous exprimez le contentement; en avançant et en resserrant les muscles des lèvres lorsque vous faites la moue. Pour cet exercice, vous pouvez accompagner vos mimiques par des exclamations, - si toutefois cela peut vous aider.

Exercices pour exprimer ses émotions avec le corps

Premier exercice: toujours le même principe. Mettez-vous debout devant une glace et essayez d'extérioriser les attitudes, émotions et sentiments ci-dessus, en faisant abstraction, cette fois, de l'expression de votre visage: n'utilisez que votre corps, vos bras, vos mains.

Second exercice: faites une mise en scène à votre convenance, ou mimez la situation suivante en vous identifiant au personnage principal: un joueur de tennis joue avec un coéquipier; il lance la balle, la rattrape, la relance, la rate, on la lui rapporte. Il la relance, la rattrape, et au bout de trois fois la rate de nouveau. Ayant récupéré la balle, pris de rage, il la jette par terre et abandonne la partie.
Essayez de qualifier vos gestes: sont-ils précis ou non? Crispés ou décontractés? Mous ou fermes? Rapides ou lents? Amples ou étriqués? Essayez d'analyser vos impressions, de voir ce qui peut vous gêner dans l'exécution de ces gestes, de vous demander comment pourrait vous percevoir celui qui vous aurait observé, en essayant de vous mettre à sa place. Etes-vous content de vous ou, au contraire, vous sentez-vous ridicule? Auquel cas réfléchissez aux moyens d'être plus à l'aise.

Exercices où il faut maîtriser à la fois son visage et ses gestes.

Essayez de mimer la scène suivante pendant au moins cinq minutes, en faisant évoluer la situation au gré de votre inspiration.

Vous êtes un professeur d'art dramatique qui dirige la répétition d'une pièce de théâtre. Il éprouve intensément les sentiments, les émotions et les attitudes de ses personnages et veut les communiquer à ses élèves comédiens.

Voici d'autres scènes à mimer, principalement centrées sur l'émotion. Vous devez les vivre comme si elles étaient vraies.

La peur: vous êtes assis tranquillement, et vous jouez avec votre chat: vous lui donnez de multiples caresses, vous chatouillez sa moustache. Brusquement, le doux minet s'énerve et sort ses griffes. Vous essayez de l'amadouer sans succès et, paniqué, vous le laissez choir.

L'agacement: vous vous prélassez avec délice au creux des roches noires de la crique. Vous laissez peu à peu une agréable torpeur vous envahir, quand soudain vous sentez un effleurement bizarre: réalisant que c'est une mouche, vous la chassez d'un geste de la main. Mais elle revient. Vous vous levez et vous la renvoyez à grands coups de serviette. Opiniâtre, elle récidive. Alors vous capitulez et vous quittez la plage.

L'angoisse: vous allez à un rendez-vous. Vous arrivez en avance et vous attendez. Le temps passe, la personne ne vient pas. Vous devenez de plus en plus inquiet. Brusquement, vous êtes pris d'angoisse. Vous devez exprimer votre angoisse avec votre corps.

Au début du siècle, on passait parfois son temps, l'après-midi ou le soir, à faire des **improvisations verbales**. Tout en étant un jeu de compagnie agréable, ces improvisations permettaient probablement aussi de libérer les joueurs de certains freins inhibant le comportement. On pensait tromper l'ennui, mais on était alors loin de songer aux effets libérateurs de l'expression.

Servez-vous d'un magnétophone, afin de vous entendre et de pouvoir réfléchir sur la manière dont vous vous êtes exprimé. Ainsi, vous pourrez vous corriger afin d'améliorer votre expression. Vous pouvez moduler ces exercices à votre gré; les faire seul, en famille ou entre amis; en les considérant comme des jeux ou comme une thérapie.

Mais avant d'aborder le thème de la voix, parcourons rapidement les diverses significations des différents gestes, mimiques, et attitudes possibles, afin de mieux les connaître et de mieux les maîtriser.

Les gestes des bras. Ils sont le résultat de la mise en action des épaules, des avant-bras et des bras. Ils font partie de "l'expression corporelle", et leurs variations sont infinies. Ils ont des significations qui peuvent être positives ou négatives.

Significations positives	*Significations négatives*
Donnent vie à la parole. Synchronisés avec la parole, ils peuvent renforcer sa signification, la moduler ou tout simplement la confirmer. Peuvent avoir un effet libératoire. Peuvent donner une contenance à ceux qui ont le trac et leur permettre de sauver les apparences.	Des gestes démesurés peuvent signifier un manque d'emprise sur soi ou un excès de nervosité. Parfois, ils peuvent révéler une intention de se faire valoir d'une manière excessive, en se donnant une fausse importance.

Les jeux de mains. Ils sont révélateurs de l'intention ou de l'émotion, à travers leurs multiples mouvements: se croisant, se décroisant, se serrant, se desserrant, s'ouvrant et se refermant, se crispant ou se détendant, sans oublier les doigts qui s'abstiennent rarement de mimer ou de bouger...

Significations positives	*Significations négatives*
Renforcent la parole.	Traduisent le trac.
Reflètent la pensée.	Reflètent la contradiction, l'impatience ou bien l'inquiétude.
Reflètent la décontraction ou le dynamisme.	Peuvent être le reflet de l'anxiété ou de l'apathie.
Peuvent se substituer à la parole pour l'affirmer, l'infirmer ou au contraire marquer le scepticisme.	Peuvent trahir un excès de nervosité.

Les mouvements de la tête. Ils se manifestent par des balancements, des hochements, des étirements...

Significations positives	*Significations négatives*
Renforcent les intonations.	Si excessifs: dénotent un manque de contrôle de soi.
Mettent en relief les phrases.	Peuvent aussi signifier le doute, le scepticisme, voire la désapprobation.
Peuvent prendre la place de la parole, pour affirmer, infirmer ou nuancer.	

Les mimiques. Ce sont les expressions du visage: front et sourcils qui se plissent, narines qui frémissent, grimaces, sourires ou rictus, narines qui se tendent ou se détendent, tics (bouche en coin, bouche en cœur, œil qui clignote).... Elles peuvent avoir de multiples significations.

Significations positives	*Significations négatives*
Reflètent le degré d'implication de l'orateur. Renseignent sur le degré d'écoute de l'auditeur. Reflètent l'aisance.	Une mimique trop figée peut signifier un excès de tension qu'on voudrait maîtriser; une mimique trop mobile, un conflit intérieur.

"Que l'importance soit dans ton regard, et non dans la chose regardée" (André Gide). Avoir **le regard** fixe, vide, fuyant, instable, faire des yeux ronds, les lever au ciel, avoir le regard vague ou au contraire mobile, concentré ou "ailleurs", ce sont autant d'éléments pour juger d'un caractère, autant d'éléments qui trahissent un état d'âme. Il est donc utile de les connaître afin de pouvoir mieux les maîtriser.

Significations positives	*Significations négatives*
Renseigne sur la capacité d'écoute de l'auditeur, sur le degré d'implication de l'orateur. Reflète les sentiments (tendresse, compréhension, bienveillance, etc.). Reflète votre vie intérieure.	Désinvolture. Agressivité. Moquerie. Hypocrisie. Ironie. Ennui. Partialité. Fausseté.

Ce ne sont que quelques significations à titre indicatif; mais la gamme expressive des yeux est infinie.

La position du corps. La position des jambes (pliées, croisées, étendues, écartées ou serrées...), la façon de se lever et la manière de s'asseoir, le maintien du buste (penché en avant, en arrière, ou au contraire bien droit) montrent le degré d'assurance ou de timidité, de désinvolture ou d'implication, de conformisme ou de non-conformisme, de conviction ou de scepticisme. La position du corps traduit le tempérament de l'individu, c'est-à-dire l'ensemble des facteurs biologiques qui constituent, avec les facteurs psychologiques, la personnalité.

Les mouvements du corps. Tourner en rond, se lever, se rasseoir, se redresser ou au contraire se pencher, se tasser ou frapper le sol du pied, ce sont autant de signes qui indiquent la manière dont vous vivez le dialogue: agacement, contentement, inquiétude ou non, étonnement, impatience... La position de votre corps et ses mouvements peuvent contribuer à vous faire sentir bien dans votre peau, car ils agissent sur la respiration et sur l'influence que vous pouvez exercer sur les autres.

Les bruits. Les râclements de gorge, toussotements, soupirs, exclamations (Euh! Ah! Oh! Pas possible! etc.), tapotements des doigts, reniflements peuvent être les symptômes de la gêne ou de la timidité. Mais ils peuvent être aussi perçus comme un désir de s'imposer ou comme une volonté de se manifester sans prendre la parole.

L'attitude par rapport aux objets. Griffonner, faire des dessins, tapoter avec le stylo, jouer avec ses boutons de manchettes ou avec une mèche de cheveux, ôter et remettre machinalement ses lunettes, regarder sa montre de façon répétée... Ces attitudes peuvent être une recherche de contenance. Elle peuvent aussi trahir un désir de s'isoler par rapport à ce qui se passe autour de soi (car on est las, ennuyé, indifférent) ou servir d'exutoire à la tension nerveuse, au trac, en un mot à l'inquiétude.

Les réactions physiologiques. Haleter, trembler, bégayer, zozoter, avoir trop chaud ou trop froid, pâlir, rougir, se crisper ou ronger ses ongles, ce sont des signes révélateurs d'émotivité. Ils reflètent l'émotion, l'anxiété et la tension intérieures.

Tout ce qui a été abordé dans ces pages a uniquement pour but d'évoquer l'importance de ces gestes, mimiques et attitudes, afin de vous permettre de mieux les connaître et ainsi de mieux les utiliser comme moyen d'expression.

SAVOIR MAITRISER SA VOIX

"Sois productif et parle" titrait un mensuel. A l'heure du marketing, des négociations, du droit à la parole des travailleurs et des femmes, mal s'exprimer est un handicap sérieux, une "infirmité" qu'il vaut mieux enrayer ou alléger le plus vite possible. Avoir des qualités telles que l'efficacité, l'acharnement au travail, l'assiduité, la polyvalence, l'érudition et l'honnêteté, est aujourd'hui un piètre atout si l'on n'est pas aussi homme ou femme de communication. Parlons donc de la voix. La voix est constituée par l'ensemble des sons qui sortent de la bouche de l'homme. Les voix humaines se répartissent (en gros) en deux catégories: les voix d'hommes (qui sont les plus graves) et les voix de femmes, dont le registre est plus élevé d'un octave. Les voix d'enfants sont rangées avec les voix de femmes. La voix est le véhicule de ce qui est dit, du message oral. Il s'agit pour nous de comprendre quels sont les éléments, ayant rapport à la voix, qui font que les paroles sont plus ou moins comprises, enregistrées, acceptées par les autres.

Le son de la voix naît dans le larynx (situé dans la partie moyenne et antérieure du cou), et ce par l'intermédiaire du cerveau qui envoie un stimulus nerveux sous forme d'ondes pour "activer" les cordes vocales. L'*intensité* du son (amplitude des ondes) et le *timbre* (qualité qui distingue deux sons de même hauteur et de même intensité) constituent, avec la *tension* et la *longueur* des cordes vocales qui font vibrer l'air (déterminant ainsi la *hauteur* du son), la propriété de la voix.

L'étendue des timbres est large: elle va du timbre sourd (voix caverneuse) au timbre sonore (voix perçante), en passant par les timbres dits grave (voix basse) ou aigu (voix claire et perçante, voire criarde). L'important ici, c'est d'être conscient de son type de voix, afin de mieux la placer.

Sachez que la parole relève avant tout du domaine de la physiologie: pas de souffle, pas de voix. La puissance de la voix dépend, nous en avons parlé plus haut, de l'expiration et des vibrations plus ou moins larges des cordes vocales. Ainsi, lorsque nous sommes émus ou tendus, les cordes vocales le sont aussi, et la voix soit s'étrangle ou s'étouffe à demi, soit au contraire s'élève.

Si vous voulez éclaircir votre voix, ne toussotez surtout pas, ne vous râclez pas la gorge: respirez.

Deux éléments principaux interviennent dans la manière de s'exprimer: l'*articulation* et le *débit*. Il ne s'agit nullement de parler d'une manière appuyée, artificielle, précieuse: cela deviendrait vite ennuyeux, ridicule. Mais il faut bien articuler, c'est-à-dire "faire entendre les différents sons d'une langue" ou, en d'autres termes, faire en sorte que les sons soient nettement entendus par ceux qui écoutent.

La diction

Penchons-nous un instant sur les concepts de prononciation et d'articulation.

Prononcer. C'est faire entendre des mots en exprimant des sons par l'intermédiaire de la voix, et ce à l'aide de la langue et des lèvres. Nous n'allons pas explorer les mystères de la prononciation. Sachez cependant que celle-ci peut permettre de situer celui qui parle. Elles peut trahir les caractéristiques de sa personnalité, révéler, par exemple, des tendances au laisser-aller, à l'arrogance, au snobisme ou au pédantisme, à la familiarité, à la grossièreté ou la fatuité... Elle peut aussi trahir l'appartenance sociale et régionale.
On peut attribuer les anomalies en matière de prononciation, soit à une mauvaise éducation de l'ouïe pendant l'enfance (juillet-jouillet, psychologie-spychologie, exemplaire-essemplaire), soit à des troubles affectifs (qui peuvent nous faire bafouiller), soit à un débit trop rapide.

Articuler. C'est prononcer distinctement, nettement, en marquant les syllabes et les mots. Remplir l'espace vocal grâce à une bonne gestion de son air, ce n'est pas tout. L'essentiel, c'est de bien articuler. Devant quelqu'un qui n'articule pas, on doit mobiliser ses méninges pour compléter le sens des phrases entendues. On court alors le risque de se tromper, de déformer et de mal interpréter la pensée de celui qui parle.
Trop souvent, on mange les mots, on oublie des syllabes, on avale les finales, on parle trop vite, on n'ouvre pas assez la bouche, et on ne remue pas assez les lèvres.

La bonne articulation est un signe de respect envers celui qui écoute. Elle manifeste une volonté de bien communiquer. C'est l'un des éléments indispensables à la compréhension mutuelle.
Le travail de l'articulation porte sur les consonnes (les voyelles produisant le "ton" de la voix).
Voici des exercices pratiques qui vous aideront à mieux articuler si vous avez des problèmes à ce niveau: les blocages se

manifestent généralement sur la prononciation de certains sons, par l'ânonnement de certaines syllabes, par les bredouillements, par la sensation de bouche pâteuse. Dans l'articulation, seules les lèvres et la langue interviennent.

Exercice n° 1: lisez les phrases suivantes, puis prononcez-les à haute voix, d'abord lentement (en articulant et en détachant chaque syllabe), puis de plus en plus vite, sans toutefois exagérer: ce n'est pas un concours de vitesse, respectez votre rythme personnel.

> Les chaussettes de l'archi-duchesse sont archi-sèches.
>
> Didon dîna, dit-on, du dos dodu d'un dodu dindon.
>
> Papa boit dans les pins, papa peint dans les bois, papa boit et peint...
>
> Dis moi, petit pot de beurre, quand te dépetitpotdebeurreras-tu? Je me dépetipotdebeurrerai quand tous les petits pots de beurre se depetitpotdebeurrerons.
>
> Je veux et j'exige. (Bien faire la liaison.)
>
> Un chausseur sachant chausser chausse sans cesse.
>
> Un chasseur sachant chasser sans chien sait chasser.

Vous devez certainement connaître d'autres phrases de ce type. Faites appel à votre mémoire d'écolier.

Exercice n° 2: Vous allez vous servir d'un crayon. Tenez-le longitudinalement serré entre les dents, légèrement axé vers le haut. Laissez l'intérieur de la bouchc libre, et maintenez le crayon tout en mettant en avant la mâchoire inférieure.
Prononcez les phrases précitées plusieurs fois de suite, le crayon dans la bouche. Si la mâchoire se crispe, arrêtez-vous.

Essayez ensuite de prononcer à nouveau ces phrases, cette fois sans crayon.
Vous devez, en principe, constater une certaine amélioration. Un exercice quotidien de quelques minutes peut pallier une réelle difficulté à ce niveau.

La suppression de la prononciation de certains **e**, peut être un signe d'insuffisance articulaire, quand ce n'est pas simplement une négligence: pass(e)port, ach(e)ter, j(e)ter, l(e)ver, m(e)ner.

Pour s'entraîner à bien articuler, il faut absolument s'enregistrer sur un magnétophone et s'obliger à lire à haute voix, en détachant bien les syllabes et en étudiant les liaisons. Il ne s'agit pas de donner un cours de diction: l'essentiel est ici de disposer d'un moyen de se rendre compte de l'impression qu'on peut susciter chez les autres. Constatez si vous vous comprenez vous-même; mesurez vos progrès et augmentez ainsi votre confiance en vous.

Le débit

Le débit, c'est-à-dire la vitesse à laquelle nous parlons, se mesure par le nombre de mots à la minute. Il va sans dire que la vitesse à laquelle on parle affecte la qualité de la compréhension de ce qui est dit.
Un débit trop rapide perturbe l'écoute et oblige à mobiliser l'attention pour comprendre ce qui se dit, à restructurer les différents éléments entre eux. Cela ne va pas sans risques: déformations de la pensée, agacement, perte de temps... A l'opposé, un débit trop lent risque d'ennuyer l'interlocuteur, et même de l'endormir.

Quel est le débit idéal? Pour certains spécialistes de la parole, il oscille entre 120 et 160 mots à la minute. Il dépend de la respiration: si celui qui parle aspire bien par la bouche et le nez, régulièrement et sans bruit, il peut varier son débit facilement et en connaissance de cause. Parler vite et par à-coups est souvent lié à une mauvaise respiration.

Les variations de débit soulignent l'intentionnalité de ce qu'on dit. Elles intensifient la charge affective des paroles, concrétisent et modulent l'intention. Un débit lent, entrecoupé de pauses, donne de l'autorité, de la gravité, du sérieux, voire de la solennité au discours. A l'opposé, un débit rapide, saccadé, accéléré peut signifier l'empressement, la joie, le dynamisme, la colère, le manque de temps, les conflits intérieurs... Quoi qu'il en soit, le débit ne doit pas être monocorde: ce serait le comble de l'ennui. Il doit subir des variations. Ces variations, répétons-le, soulignent l'intentionnalité de ce qu'on dit: un ralentissement favorise les définitions, les questions ou explications. Le débit s'accélère sur ce qui est moins important, futile, ou sur des disgressions...

Une écoute aisée dépend du débit de ce qui est dit: c'est en observant le visage de votre interlocuteur que vous connaîtrez son degré d'adaptation à votre débit: un visage attentif, souriant ou concentré laisse entendre que votre débit plaît à votre interlocuteur, qu'il favorise son écoute. Au contraire, un visage ennuyé, renfrogné, avec un regard endormi laisse entendre que votre débit irrite, que votre interlocuteur éprouve un désintérêt total vis-à-vis de ce que vous dites.

Le débit peut aussi renseigner sur la charge affective de nos paroles: sa rapidité peut signifier l'empressement, l'optimisme; sa lenteur peut être un reflet de la nonchalance, de l'indolence, de l'apathie ou de l'ennui...

Les temps de pauses sont les modulateurs du débit: une parole rapide, pleine de verve, mais marquée de pauses (plus ou moins longues) aura plus de significations qu'une parole lente, traînante, sans silences... Nous retrouvons ici le bien-fondé du silence: le silence fait ressortir toute la puissance des mots; il les souligne, il les encadre en leur faisant prendre toute leur signification, il leur confère de la puissance. Le silence et le débit soulignent le déroulement de la pensée; ils révèlent les aptitudes à se mettre à la portée de l'interlocuteur. En somme, les variations du débit et les temps de pauses qui l'accompagnent, sont aussi les signes du respect qu'on accorde et qu'on doit à autrui.

L'intonation

Avez-vous remarqué que, souvent, ce qui déplaît chez un orateur, ce n'est pas tant l'opinion ou l'idée qu'il émet, mais le ton sur lequel il s'est exprimé? Une intonation différente peut donner au même mot un sens différent. L'intonation, c'est l'expressivité de la diction. Mais les intonations que nous donnons à ce que nous exprimons sont souvent involontaires, non réfléchies, inconscientes. C'est pourquoi il nous incombe de prendre conscience des effets de l'intonation afin de mieux les maîtriser. La modification du ton peut à elle seule changer le sens d'une parole ou d'une pensée, et, de ce fait, vous faire percevoir par votre interlocuteur différemment de ce que vous êtes ou pensez réellement.

Un ton peut être élevé (c'est-à-dire aigu), ou grave (c'est-à-dire bas). Il est utile de se servir du magnétophone afin de connaître ses “réflexes intonatoires”. En se mettant à la place de celui qui écoute, on peut essayer de comprendre comment il peut réagir, de quelle manière il saisit ce qu'on dit. Des intonations moqueuses ou ironiques, aimables, bienveillantes, exagérées ou trop nuancées peuvent faire croire à celui qui écoute que vous manquez de confiance en vous, que vous êtes timide, que l'anxiété vous ronge, ou (au pire) que l'hésitation dont vous faites preuve est en réalité un signe d'incompétence. C'est à vous seul de comprendre la signification de votre intonation. Cela vous permettra de la moduler en fonction de l'écoute de votre interlocuteur.

FAUT-IL ETRE OU PARAITRE?

"Ne jugez pas le grain de poivre d'après sa petite taille. Goûtez-le, et vous sentirez qu'il pique". (Proverbe arabe).

L'apparence que nous donnons aux autres est souvent différente de ce que nous sommes réellement et surtout de ce que nous ressentons. Dans *Tartuffe*, Molière soupirait: "Mon Dieu, le plus souvent l'apparence déçoit; il ne faut pas toujours juger ce que l'on voit". Nous avons sûrement, au cours de notre existence, fait ce triste constat: une personne qu'on croyait douce, affable, se révèle à l'épreuve du temps acariâtre, agressive, égoïste. A l'opposé, quelqu'un vis-à-vis de qui vous avez a priori éprouvé une certaine réticence, s'avère être une personne charmante. Pourquoi? Nous avons tous un masque, — un masque social —.

Le philosophe Lalande dans son *Vocabulaire philosophique*, précise que le concept de personne est issu du mot latin *persona*, qui signifie le masque. Lalande rappelle que les stoïciens ont beaucoup utilisé ce mot de *persona*, pour insister sur le *rôle* que joue l'homme ici-bas, un rôle tout à fait accessoire et éphémère. Pour les stoïciens, il y a les choses qui dépendent de nous, et celles qui n'en dépendent pas: "être Marc Aurèle, empereur; ou être Epictète esclave", cela fait partie de la personne, c'est-à-dire du masque que les conditions contingentes de l'existence humaine mettent sur l'individu et qui ne dépend pas de lui. Autrement dit, ce sont les circonstances de la vie qui donnent l'apparence que nous offrons aux autres.

Nous avons parlé plus haut de ce mécanisme de défense du Moi qu'est la formation réactionnelle, conduite issue du conflit entre ce qui est inacceptable pour la société dans laquelle nous vivons, et ce que nous sommes et ressentons réellement. Une personne agressive et égoïste de nature essaiera de lutter contre cette tendance en donnant à autrui une impression contraire! Donner l'impression d'être meilleur qu'on n'est en réalité, cela donne bonne conscience, cela sécurise. Encore faut-il être conscient de cet état de chose.

Je me souviens d'une jeune femme que j'avais rencontrée lors d'une excursion. Elle donnait l'apparence d'une extrême gentillesse: souriante, cherchant à être coopérante avec les autres, elle s'avéra être, un peu plus tard, tout le contraire de l'image qu'elle avait donnée d'elle-même. A l'occasion d'une réunion amicale, au retour de cette expédition, elle sidéra tout le monde en prenant des positions qui allaient à l'encontre du caractère d'une personne réellement ouverte à son prochain, affable, naturellement douce... A quelqu'un qui le lui fit remarquer, elle répondit: “Mais savez-vous, cher ami, que l'atout majeur d'une femme, c'est la douceur et la bonté?”. L'attitude de cette jeune femme était caricaturale. Mais cette aventure montre bien qu'il ne faut pas se fier aux apparences, qu'il est plus sage de percevoir les autres par delà la *persona*, c'est-à-dire de dépasser la première perception.

Pour mieux communiquer, **n'essayez pas de paraître**, de briller, de vous faire remarquer; **mais efforcez-vous plutôt d'être**. Bien sûr, nous avons tous des défauts et des défaillances que nous essayons plus ou moins de masquer. Mais l'essentiel est de les connaître et par là même de travailler sur nous-même afin de nous améliorer. Il ne s'agit pas de travestir nos défauts en qualités ("Quand on chasse le naturel, il revient au galop", constate Destouches), mais d'être conscient de ce que nous sommes réellement, sans vouloir trop souvent donner le change.

Donner le change n'est cependant pas toujours négatif: *il faut parfois savoir sauver les apparences.*

Paraître bien dans sa peau, en étant spontané, dégagé de tout soucis, alors qu'en réalité on croule sous l'angoisse et l'anxiété, tourmenté par un problème qui paraît insurmontable, est un point positif: les angoisses font partie du jardin secret que nous avons en nous et qui n'intéresse pas les autres, sauf (évidemment) les intimes. D'ailleurs, comme le dit un dicton populaire plein de sagesse, "il vaut mieux susciter l'admiration que d'être plaint".

Donner une apparence un peu distante, alors que vous êtes la spontanéité même, cela peut être utile dans une situation où l'implication personnelle risquerait d'être maladroite. Cela vous permet de voir, d'observer et, ensuite, d'intervenir en connaissance de cause. Nous vivons dans un monde où nous avons besoin d'être admis par les autres. Cela ne signifie pas pour autant que nous devions leur donner une apparence de nous-même flatteuse ou semblable à celle qu'ils nous "collent". Ce n'est pas parce que des gens mentent que nous devons mentir; parce que des gens se croient supérieurs à ce qu'ils sont en réalité, que nous devons les imiter; parce qu'ils essaient de se faire valoir par un discours prétentieux, artificiel et affecté, que nous devons prendre le même ton.

Soyez vous-même (sans pour autant aller à l'extrême), et exigez des autres qu'ils vous acceptent tel que vous êtes: mieux vaut être authentique que faussement coopérant.

Que faut-il faire pour ne pas paraître? Toute forme d'excès dans le discours peut être perçue par l'interlocuteur comme la compensation négative d'un "manque". Il y a un certain nombre de principes à respecter pour éviter de sembler faux.

Ne mettez pas en avant votre sens du devoir, votre intégrité, vos principes: cela pourrait susciter la méfiance de celui ou de ceux qui vous écoutent. Quelqu'un qui possède vraiment ces qualités n'a pas besoin de les mettre en avant pour convaincre les autres: ils finiront un jour par les découvrir eux-mêmes. Certes, cela peut vous donner l'illusion que vous êtes meilleur que vous ne l'êtes en réalité: mais les faux-semblants sont souvent éphémères.

Evitez de faire de l'humour forcé: dites-vous bien que c'est le ton que vous employez pendant que vous parlez, votre mimique et votre allure qui font ressortir votre originalité, et non des mots savamment choisis, des plaisanteries mal à propos ou des calembours malheureux. L'humour est personnel. Il fait partie de l'"être" que vous êtes; il est spontané, il "adhère" à vous. Nous arrivons rarement à faire rire ceux qui nous écoutent, avec les anecdotes ou les blagues des autres.

Ne confondez pas humour et bonhomie: la bonhomie, c'est la bonté du cœur, unie à la simplicité. Evidemment, la bonhomie peut n'être qu'une apparence. Mais quand elle est vraie, elle favorise les échanges et, de ce fait, la communication.

Pas de sourire crispé: n'arborez pas un sourire crispé. Figé, le sourire peut vous donner une fausse contenance. Cela risque d'énerver votre interlocuteur: il peut avoir l'impression que vous vous moquez de lui ou, tout bonnement, que vous vous méfiez de lui.

Evitez de prendre une attitude faussement décontractée: ne vous raidissez pas. Ne vous crispez pas inutilement pour donner à votre interlocuteur l'illusion d'être désinvolte: plus ou moins tard, il s'apercevra que ce brio apparent n'est qu'un camouflage de votre timidité naturelle.

Mettez de côté le verbiage: trop de paroles inutiles ne peuvent qu'impatienter celui qui vous écoute, sans pour autant (comme vous seriez peut-être tenté de croire) vous donner de l'importance à ses yeux.

Ne jouez pas à celui qui sait tout: tenter de faire bonne impression et de dominer, de faire, comme un paon, la roue pour se mettre en valeur, c'est prendre un risque: celui qui vous écoute, à bout de patience, pourra avoir à la longue envie de vous contrer, à seule fin de vous désarçonner, de vous faire perdre pied et d'abattre ainsi vos défenses. Pourquoi se mettre dans une situation si inconfortable?

Ne vous écoutez pas parler: celui qui s'écoute parler, on ne l'écoute plus. Faites abstraction de votre éducation, de votre expérience, pour vous mettre à la place des autres: les différences culturelles affirmées sont des obstacles à la communication.

Ne soyez pas ironique: ceux qui vous écoutent sentent bien quand vous êtes ou non sincère. Si vous êtes percé à jour, vous risquez d'être vu comme un être faux ou timide, et de toute façon comme une personne complexe, alors que probablement vous ne l'êtes pas au fond de vous-même.

Ne vous valorisez pas faussement: en étalant dans votre discours votre savoir, vos relations, votre standing, vous risquez d'être pris pour un snob. La distinction réelle est en soi, et non dans le tape-à-l'œil et le m'as-tu-vu.

Evitez les ragots: prendre prétexte des autres pour rompre un silence, pour lancer ou pour poursuivre une conversation, cela peut être une grave erreur: être perçu comme un colporteur de potins ne peut être que négatif pour vous, même si, un bref instant, vous avez l'illusion d'intéresser, d'intriguer ou d'amuser votre auditoire. Tôt ou tard, la méfiance s'éveillera... Renversez la situation et mettez-vous à la place de celui qui vous écoute: ne seriez-vous pas tenté de penser que vous risquez d'être le prochain sujet de ses médisances?

Enfin, ne vous retranchez pas derrière une timidité apparente ou une distance factice: ce ne sont que des prétextes pour ne pas vous impliquer au niveau des autres, des prétextes qui peuvent révéler des tendances à l'indifférence et à l'égoïsme.

Toute l'armure protectrice qui vient d'être décrite, au lieu d'être constructive, est un appareil tortueux qui vise à tromper les autres et à se leurrer soi-même. Il existe des **principes simples pour être**; ils sont fondés sur la confiance en soi, l'écoute et le respect de l'autre.

Parlez clairement: ayez une diction claire, vivante, animée par les yeux et les gestes. Il n'y a rien de plus désagréable qu'un regard fuyant ou (au contraire) fixe. Parler clairement est signe qu'on respecte l'interlocuteur et qu'on a un véritable désir de communiquer.

Mettez-vous à la portée de votre interlocuteur: il est inutile de vouloir lui en imposer par une fausse assurance, par des mots et des phrases qui dépassent son entendement ou qui, simplement, sont loin d'être adaptés à son bagage socio-culturel. Ce serait faire preuve de négligence à son égard.
Parler avec les mots et les notions qui font partie du bagage de l'interlocuteur est un signe de respect que vous lui accordez.

Devinez votre interlocuteur: entrez dans son champ de référence, c'est-à-dire dans ses idées, ses conceptions et son vocabulaire (sans toutefois tomber dans l'exagération). Il suffit de trouver une trame commune au niveau des mots pour que la communication se déroule positivement.

Apportez de la lumière à ce que vous dites: en donnant des arguments, vous apparaîtrez comme quelqu'un qui a quelque chose à dire, qui a des idées, des opinions à exprimer, et non comme quelqu'un qui veut absolument avoir toujours raison.

Soyez direct, sans pour autant tomber dans la familiarité: n'abusez pas du tutoiement même si vous croyez faire ainsi tomber une barrière imaginaire entre votre interlocuteur et vous; sachez qu'un tutoiement d'emblée peut susciter la méfiance et vous faire passer pour une personne qui cherche à se rallier les bonnes grâces d'autrui par une fausse décontraction.
Vous avez peut-être remarqué que les personnes qu'on tutoie le plus facilement ne sont pas nécessairement celles avec lesquelles on communique le mieux.

Soyez à l'écoute de l'autre: nous nous sommes déjà longuement étendu sur ce sujet. Sortir de soi-même (en évitant de parler de soi, de ses problèmes) pour mieux se centrer sur autrui, pour être son reflet, son miroir, c'est prouver l'intérêt qu'on lui porte, c'est marquer le respect qu'on lui manifeste... A l'origine d'une communication réussie, vous serez en même temps satisfait de vous être enrichi.

Conclusion

Ces lignes n'ont pas eu la prétention de vous apprendre à communiquer les uns avec les autres, mais seulement d'être une sorte de fil conducteur dans la découverte et la compréhension des mécanismes qui font que les relations humaines sont plus faciles et plus harmonieuses.

Il est vain d'essayer de façonner ou de remanier autrui. L'important est de le comprendre avec sa force et ses faiblesses. En fait, "les hommes ne savent être ni entièrement bons ni entièrement mauvais" (Machiavel, *Pensées*). L'important est d'admettre que l'autre peut être différent de vous, avoir des opinions, des idées, des attitudes face aux êtres et aux choses, opposées aux vôtres. L'essentiel est de le respecter, malgré ses différences et ses contradictions, en le laissant s'exprimer jusqu'au bout de lui-même. Vous pourrez ainsi franchir le silence. "Le silence est aussi plein de sagesse et d'esprit en puissance, que le marbre non taillé est riche en sculpture". (Aldous Huxley, *Contrepoint*.)

Bibliographie sommaire

Antonetti. *Entraînement à l'expression orale*, éd. Hommes et Techniques.

Conquet. *Savoir écouter, secret d'efficacité*, éd. Le Centurion.

Duvet et Alliprangi. *Comment vaincre la timidité*, éd. De Vecchi.

Furet. *Savoir parler en toutes circonstances*, éd. CEPL.

Gauquelin. *Savoir communiquer*, éd. CEPL.

Mas. *L'expression orale par la diction et le jeu dramatique*, éd. Hatier. *Du bon usage de la voix pour la parole en public*, éd. Hatier.

Rogers. *Le Développement de la personne*, éd. Dunod.

Stanislavski. *La Formation de l'acteur*, éd. Payot.

Vanoye. *Expression et Communication*, éd. Puf.

Table des matières

Introduction .... page 7

Les principes de la communication .... » 9
Langage verbal et langage non verbal .... » 9
— Le look .... » 10
— Le langage gestuel .... » 11
— Le visage .... » 12
— Le regard .... » 12
Le cadre de référence .... » 13
Du malentendu au dialogue de sourd .... » 17
— Premiers conseils pour se faire comprendre .... » 20
— Premiers conseils pour comprendre autrui . » 21

Les obstacles à la communication .... » 25
Surmonter l'émotivité .... » 25
Les mécanismes de défense .... » 31
Vaincre la timidité .... » 35
— Seconds conseils pour comprendre autrui .. » 37
— Seconds conseils pour se faire comprendre » 40

L'écoute constructive .... » 43
L'égocentrisme verbal .... » 43

Apprendre à écouter .... page 48
— Le silence .... » 51
— L'empathie .... » 53
— La reformulation .... » 55
Comment amener les autres à se décider ...... » 62
— A deux personnes .... » 62
— En groupe .... » 64

L'art de louer et l'art de blâmer .... » 67
Le reproche et le compliment .... » 67
— La critique constructive .... » 67
— Les louanges négatives .... » 69
— L'éloge positif .... » 71
— Les reproches destructifs .... » 72
Influencer avec finesse .... » 73
Critiquer avec diplomatie .... » 82

Comment converser agréablement .... » 87
Respecter l'autre .... » 87
Se libérer du stress .... » 98
— La relaxation .... » 101
— La respiration .... » 104

La maîtrise de soi .... » 109
Savoir maîtriser ses attitudes .... » 109
Savoir maîtriser sa voix .... » 119
— La diction .... » 120
— Le débit .... » 123
— L'intonation .... » 125
Faut-il être ou paraître? .... » 126

Conclusion .... » 133

Bibliographie sommaire .... » 135

Achevé d'imprimer
en juillet 1989
à Milan, (Italie), sur les presses
de Rotolito Lombarda S.p.A.
Dépôt légal: juillet 1989
Numéro d'éditeur: 2179